人間と宇宙と気

未来を先取りする
知恵とエネルギー

宇城憲治

① 渦の中心にいるのが宇城氏。塾生が輪になり、動かないように頑張っているところを「気」で動かしている

② 塾生たちの意思に反して渦は大きく動き出し、次第に激しさが増していく

〈気が創り出す時空〉

真ん中にいる宇城氏が周りを囲む塾生に気を放つと、塾生たちは一定方向に回り出す。

回転スピードは徐々に上がっていき、自分では止まれない勢いとなり、やがてその塊は回転しながらそれぞれに散っていく。

その姿は、あたかもブラックホールに吸い込まれた宇宙がワームホールを通り、回転しながら新しい宇宙を生み出し、連鎖しながら別のエネルギーある宇宙をつくっている事象と似ている。

回転を終えた塾生たちが技をかけ合うと、簡単に投げ合うことができる。そこに衝突の次元はなく調和が体現されている。

〈気によって創り出される
ワームホール〉

宇城氏の気を本書の至るところで宇宙のエネルギーになぞらえて語るのは、宇城氏の気による実践の多くが、大宇宙のマクロ版に対してミクロ版と考えざるを得ない、不思議な事象にあふれているからだ。

宇城氏が展開する気の事象は、常に対立から調和への変化を表わしており、それは、まさに調和・融合している宇宙の真理の法則ではないのか。

宇城氏の気の世界は、その真理を人間レベルで体感させることで、宇宙に生かされて存在する私たち人間が今何をなすべきか、その本来のあり方に気づかせてくれるものである。

〈気によって創り出される
ミクロ版ブラックホール〉

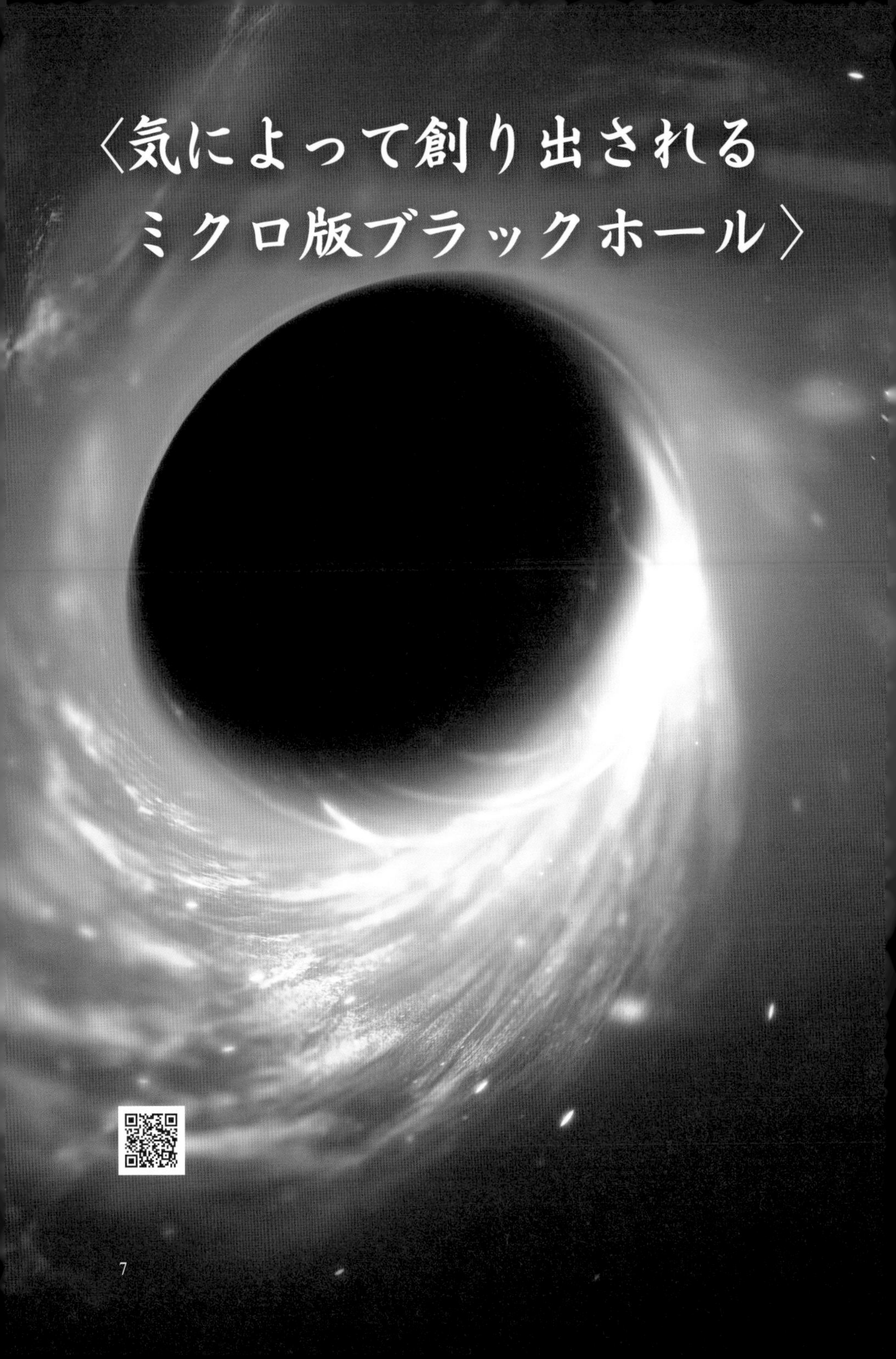

はじめに――現在の科学理論では及ばない「気」を気で立証

「百聞は一見にしかず
百見は一触にしかず
百触は一悟にしかず」

一行目はよく目にする言葉ですが、二行、三行目は私の持論としての言葉です。本書で紹介する「見て、触れて、そして納得する」という、まさに「実践先にありき」の気の実証から導き出された多くの事例は、今の常識では考えられないようなことを可能にしています。

不可能を可能にする気――その気から導き出されるものとは、まず、人間の潜在力の発掘です。同時にそれは人間に秘められた人間力の可能性の発見であり気づきでもあります。まさしくこのことは未来への大いなる希望となります。

それはやってみなければ分からないという漠然とした可能性ではなく、すでに「できる」という目途が先に立っている可能性です。このことは、大人数名がガッチリ組んだスクラムを大人が崩せないのに、幼児が崩すことができるなどの発見につながり、また今の知識偏重の教育や学習のあり方への問いかけにもなり、子どもの可能性への気づきにもなっています。

ビールの味をいくら言葉で説明しても伝えられませんが、一口飲めば分かります。言葉では伝えられない世界があるということです。言葉と実体験の情報量には桁違いな差があります。真実は体験でしか得られません。

人のルーツは1ミリにも満たない受精卵から、お母さんの胎内で細胞分裂を繰り返しながら10ヵ月で37兆個の細胞となり個を成して誕生して来るというものです。この仕組みは、我々現代人と同じグループの新人類の現生人類が登場した20万年前から変わっていません（NHKスペシャル『人類誕生』より）。まさに身体先にありき、37兆個の細胞先にありきです。

今の自分の可能性を無限に引き出す気の作用とは、この37兆個の身体細胞に働きかけるというもので、さらにその働きかけによってエネルギーが作り出されることにあります。

気が細胞に働きかけるということは、私が実践しているいろいろな角度からの実証で説明がついています。

一方現在の世界の科学関連の書籍や資料を見る限り、なるほどと思う仮説理論、推測はあっても、実証できている立場からすると、要領を得たものは見当たりません。

このように「気」や「気が生み出す事象」は目に見えないだけに、その内容を言語化するのは難しく、かつ観念論になりがちです。そこで本書では、その弊害を軽減するために、また文章の真意をより分かりやすくするために随所にQRコードをつけ、実際の動画を見ることができるようにいたしました。

宇城憲治

刊行にあたって

本書は、宇城憲治氏による人間の潜在力を引き出す気の実態とその活用、さらにそれを通して見えてくる人間力の素晴らしさを、一人でも多くの方にお伝えしたいと願い、発刊するものです。

現在宇城氏はご自身が開発した気というエネルギーを使って宇城道塾や空手実践塾、教師塾、学校や企業講演、海外セミナー等で、「実践先にありき」の指導を展開されていますが、そこでは一人ひとりに、私たちが生まれながらに持つ潜在力に気づかせ、生き方への変化を促し、より幸せに向かう方向へ導いておられます。

それは決して精神論でもハウツーでもなく、すべて「自分の身体で体験する」ものなので、体験した者は否定しようがなく、自らの変化のきっかけを掴んでいきます。

なぜ一人でも多くの方に宇城氏の気による実践指導を知っていただきたいと願うのか。

それは、氏の気が、人間に活力を与える真のエネルギーであり、希望と信念をもって進んでいける最適の道であると確信しているからです。また気によって引き出される潜在力には、「先《せん》を取る」という具体的な手法、術技とともに、未来を先取りして今にある課題を打破していく知恵とエネルギーが秘められているからです。

「気」は今という一瞬に働き、瞬時に時空の広がりとなり、そこから未来のあるべき姿を実現することができる——

これは宇城氏の言葉ですが、「気」は、まさに今という一瞬に働きかけ、瞬時に広がる時空です。瞬時に広がる時空、すなわち未来時空は、今という中に未来を包括し、今という瞬時において「先《せん》」を取るというものです。まさに「先」、未来から見た「今」を活かすエネルギーです。

宇城氏の「気」は、時空、すなわち時間・空間と深く関係しています。それは時計時間に見る客観的時間や、また主観的時間とも異なり、あえて言えば、宇宙時間と関係していると言います。

太陽系に属している地球は太陽の周りを自転と公転で動き続け、その太陽系はそれより速いスピードの銀河系に属し動き続け、その銀河系はさらに銀河に属し動き続けているわけで、時間は何千、何億、何兆という関わりの中で存在しています。そういう時間変化の中で私たちが定位置を保つことができているのは、自らが持つ重力によるところが大きいと考えます。宇城氏の気がまさにその重力に大きく作用することから、宇宙時空と深いつながりがあると考えられるのです。

それは数々の実証の積み重ねから見えてきたことであり、そこから明確に言えることは、「人間は宇宙のエネルギーを得てこそ、つまり宇宙と調和してこそ、本来の力を発揮できる」という点です。

ここで紹介する実践は、宇城氏に学ぶ塾生だけの実践にとどまらず、本来であれば誰もが実践できるあり方です。「本来であれば」としたのは、気の実践を通して可能となる潜在力は、今の常識に比するととんでもない次元にあるにもかかわらず、今、私たちはその力を見失いつつあり、またその現実にすら気づけていない状況だからです。

宇城氏の指導は、まずはこの人間の潜在力を体験させることで、その力のレベルの高さに気づかせ、同時にその力を発揮できていない現実にも気づかせます。自分自身で体験するが故にそのことが否応なしに認識できるのです。

そうした体験をすることで、これまで自分がやってきたあり方に対し葛藤や自問自答が生まれ、本来の人間力発揮へのプロセスに向かい始めます。こうしたプロセスを経るなかで、今、そして今から先、どう行動していったらよいかの答えが自然と見えてくると宇城氏は言います。

こうして本書を手掛けている間も、宇城氏の気の進化はすさまじく、その常識を超えた世界は目に見えないだけに疑心暗鬼も引き起こしますが、厳然たる事実であるのです。

今の科学は一般的に仮説が先行し、その裏付けとして理論を展開させますが、実証できなければそれは推測でしかありません。科学の条件とは、「普遍性(誰がやっても同じ)、再現性(何回やっても同じ)、実証性(実際にできる)」ですが、そういう点からすると実践先にありきの宇城氏の「気」は、先に存在している宇宙の仕組みを後から解くような科学とは違います。まさに宇城氏の気は、理論などではなく、現状の科学の先にある未来科学として、大いなるヒントとなり、それ以上に今に活かすことができ、また具体的に役立つ「技術」であります。

宇城氏はこれまで多くの著書で気が創り出す無限のエネルギーを「進化し続ける気」として述べていますが、本書ではさらなる気の言語化と共に、より理解を得られるよう、今回新たな企画として、実践の一部をＱＲコードをつけて動画でも見られるようにしました。

編集部

〈 人間と宇宙と気　実証動画 〉

パスワード

【 ki2022uk 】

https://www.dou-shuppan.com/ki/

人間と宇宙と気 ―――― 目次

第一章

無限宇宙に存在するエネルギー「気」

現在、宇宙はもちろん、生命の本質や起源の研究は開発途上であり、現代科学は未だそれらを説明する言葉を持ちません。しかし、実際に宇宙は存在し、生命は38億年も前から地球上に当たり前のように存在しています。

本書で宇城氏が実証し確実にその存在を立証している気も、現在の科学では説明できない世界です。それは、「気」の実証事例が今の科学では解析できないほど先を行っているからです。

宇城氏は、「気」というエネルギーは宇宙につながっているという実感があると言います。実際に「気」を自在に繰り出し、コントロールできる実践者だからこそ、見える世界、語れる言葉があります。

室町時代の世阿弥による『風姿花伝』に「秘する花を知ること」、すなわち、秘めるからこそ花になる、秘めねば花の価値が失《う》せてしまうという口伝があります。本書ではそのまさに「秘する花」とも言える「気」について惜しみなく書き留めていただきました。そこには、宇城氏の信条でもある「常に変化すること」つまり進化・深化こそが花である、があるからではないでしょうか。

「気」の存在

日本には昔から、「元気」「勇気」「病気」「気が利く」「気が気でない」「気心が知れている」など、たくさんの「気」のついた言葉が使われています。また「心」や「間《ま》」も同じで、「心地よい」「心当たり」「心機一転」「心臓」や、「間合い」「間がもたない」など多くの言葉が使われています。

このように「気」や「間」や「心」のつく言葉が日本語にこれだけたくさんあるということは、これらの言葉が私たちの生活に密接に関係していたということであり、かつ、そこにはそれらの言葉の意味を成す「実態」があったからこそ生まれたのだと思います。

またそれは単なる言葉としてではなく、生きていく上で必須とも言える知恵であり教えでもありました。「間《ま》」は、時間の広がりであり、空間の広がりであり、それは宇宙とのつながりを表わす時空でもあります。またそれは4次元時空にあるすべてのものがグラデーションとしてつながる調和融合を表わす言葉でもあり、その根底には人間として最も大事な心が関係しています。

このような宇宙と人間を一体化する繊細な言葉をこれほど豊かに持つ国は他にないのではないかと思います。

現在、私は第三者に「気」を通すことで不可能なことを可能にさせるという、今の常識では考えられない実践を展開しています。この「気」は人間の無意識領域に働きかけるので本人は自覚できませんが、しかしその無意識を具体的に自覚できる形にするので、無意識下で起こる実態を捉えることができます。このように気は目に見えないし感じることもできないものですが、無意識領域に作用し実態を伴ったものを創り出すことによって「見える化」することができます。目に「見える化」するからこそ信じざるを得なくなるということです。

私が「気」の存在の確信に至ったのは、一つには空手の組手で相手が動く、すなわち相手が事を成そうとする何かを先に読み取れるようになったことにあります。無意識領域にある何かなので、相手は自覚できていません。従って私からすると当然相手の動きは先に見えるわけです。昔から言われている「先《せん》を取る」がまさにこれです。すなわち相手が動く前の「目に見えない何か」を感じ取っているので、その後の相手の動きはすべて見えているということです。

そうした積み重ねの中で、相手の無意識領域に生じる「何か」は私にとって「確実なもの」となっていき、相手の無意識の後に働く意識の動きの時にはすでにこちらは入っているという状態となります。その状態からさらに先を取ると、相手のゼロ化、すなわち無力化と同時に、相手が動けなくなるというレベルになります。

そういう繰り返しの中で、気の本質を見出し、さらにその活用法の法則性を創り上げ、かつ見える化して今の常識では考えられないようなことを可能にしていったのです。

―― 先を取る ――

相手が動いた時にはすでに相手の無意識領域下の事の起こりを先に感じているので、その後の相手の動きはストップモーションに見え、写真のような反撃が可能となる

人間は宇宙時間とつながっている

私が言う「時間」とは、時計的な時間ではありません。生まれながらの身体に備わっている時間のことです。

人間は、地球生命が誕生した38億年前から20万年という現生人類（ホモ・サピエンス）の時間を凝縮して生まれてきています。

宇宙の誕生は137億年前、銀河の誕生は129億年前、太陽系の誕生は46億年前、地球上の生命の誕生は38億年前、現生人類の誕生は20万年前、人間一人の誕生は10ヵ月。

（『ビッグストーリー大図鑑　宇宙と人類138億年の物語』
『137億年の物語　宇宙が始まってから今日までの全歴史』）

私たち人間は母親の胎内で受精と同時に命を得て、わずか10ヵ月で生まれてきます。10ヵ月の間に目や耳、鼻を持つ顔、さらに手足や心臓、肝臓などのあらゆる臓器がつくられ、最終的に37兆個の細胞を持った一個の人として生まれてきます。しかも母親の胎内での10ヵ月間には、38億年という宇宙生命と現生人類としての20万年という経過時間が凝縮されています。

つまり、私たちの生命は、この38億年の時間軸上にあるということです。

その人間の37兆個の細胞一つひとつには、まさに宇宙からのメッセージを内包する30億個のＤＮＡと、「私」の根源となる2万4千個の遺伝子があり、人間はそれらを包括した完成形とし

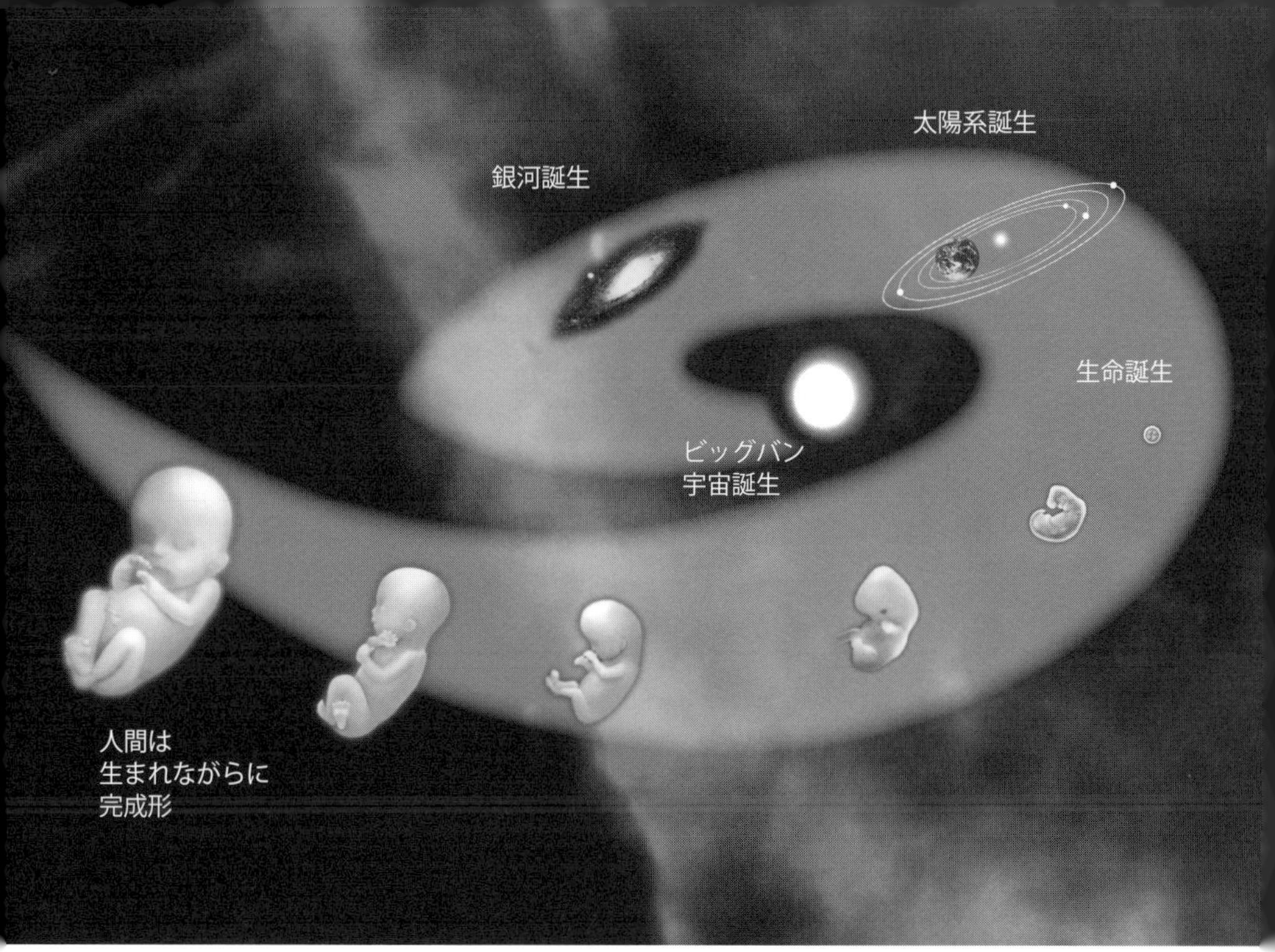

図１．人間は地球生命38億年を凝縮して生まれてくる

て存在していると考えています。

その完成形である私たち人間に与えられた時間は、38億年の時間軸上にある、38億年＋α（私の存在時間）、すなわちα＝85年（人間の平均寿命）です。宇宙のスケールからしたら微々たる時間ですが、その凝縮された時間には無限のエネルギー、すなわち潜在力が秘められているということです。まさに気の実証の数々がそれを示しています。

私たち人間をはじめ自然界の動植物の歴史をたどってみると、本来とてつもない力が備わっていることが分かります。しかし、今この地球上で私たち人間はその本来の力を発揮できておらず、むしろ発揮できないようにされていると言ったほうがよいかも知れません。それは、私たち人間がこの地球上に奇跡的に生まれた存在、すなわち「生かされている存在」であることに気づかず、α＝85年という「今」の時間のみを生きようとしているからです。

「私」だけの時間に生きるということは、時間と同時に存在する空間に広がりがなく、孤立して生きるということです。それでは38億年という地球の時間軸につながることも人間に秘められた人間力の存在に気づくこともできません。

人間は動いている時空の中の存在

この宇宙の時間軸上に生きる生命体である私たち人間の時間は、潜在的に「連鎖する時間」を持っています。

すなわち身体の中にある時間系列で言うと、筋肉の動きによって動く心臓は、おおむね1秒に1回動きます。ですから筋肉は1秒という時間を持っていると言えます。この筋肉を動かしているのが神経で、神経は1000分の1秒という時間を持っています。さらにこの神経を動かしているのが100万分の1秒という時間を持つ細胞で、人間が持つ最速の時間です。

ここから先の時間は、生命、物質の根源となる分子や原子が持つと言われる10億分の1秒（ナノ秒）であり、さらに宇宙の誕生を解き明かすビッグバンの時間は10のマイナス23乗秒と言われています。

このように宇宙の時間から人間の時間まで、すべてが一つの時間軸上にあり、かつ動いてい

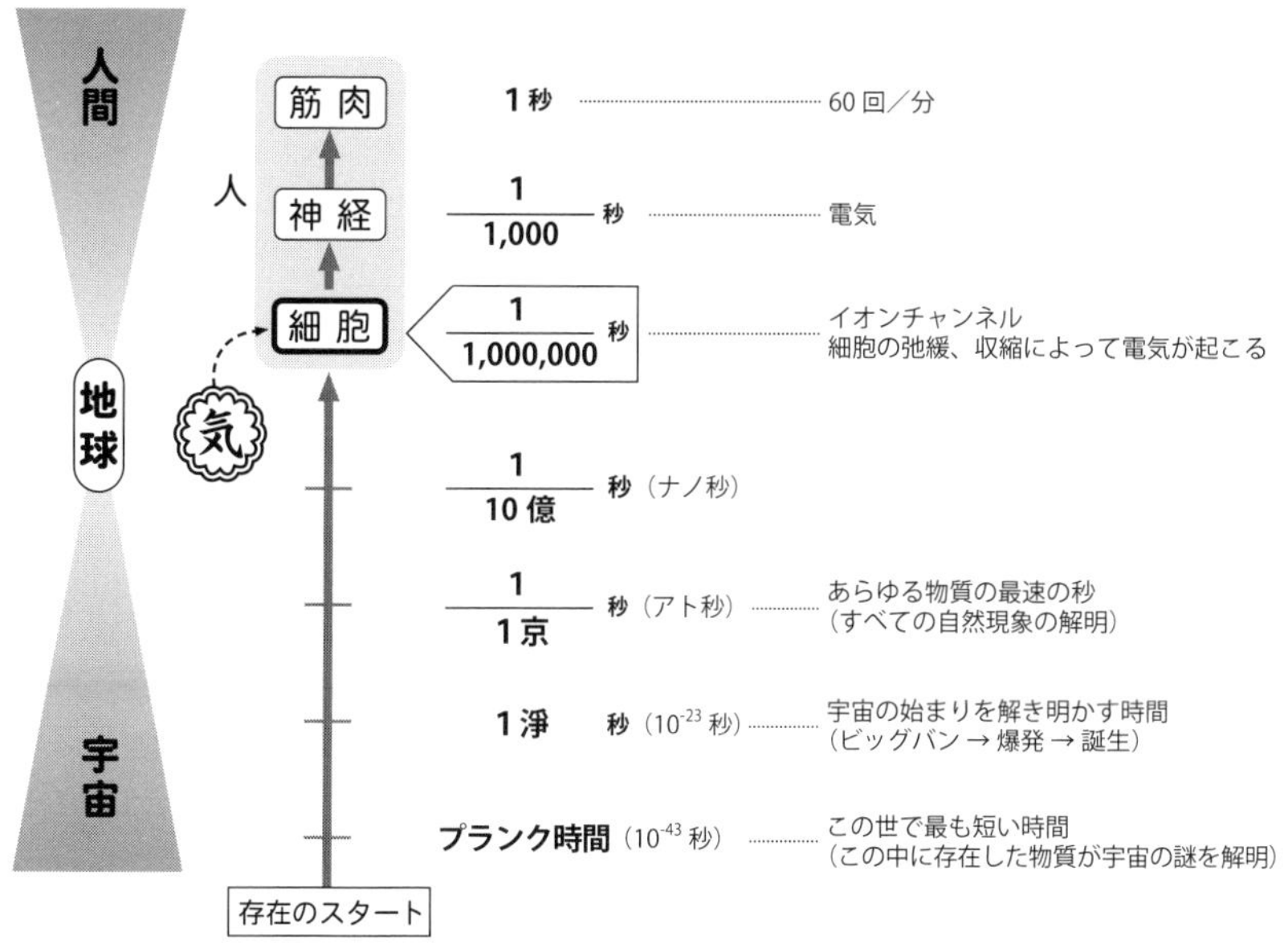

図2．「気」は時空に作用し、細胞に働きかける

る時間の中にあることが分かります。私は、この38億年＋α（私の存在時間）上にある生命体としての身体の持つ時間の中で、最速の時間を持つ細胞（無意識領域）に働きかけるのが「気」のエネルギーであると考えています。そのことについてはのちに詳しく述べます。

また空間についても同じです。私が言う「空間」とは、「動いている空間」のことを言います。私たちは普通どこにいてもその空間は固定され止まっているかのように感じていますが、現実は地球は時速10万7千キロで太陽の周りを回り、かつ自転しています。朝、昼、夜が繰り返されているということは、この地球が止まっていないことを表わしています。すなわち、私たちの言う「空間」とは常に「動いている時間」と共にあり、人間はこの、「動いている空間」と「動いている時間」の中でかつ、「生かされている存在」であるということです。こういう認識が「気」を理解する上で重要になってきます。

気によって生み出される時間と重力

今、正座している人の両肩を第三者が思いっきり押さえつけると、立とうとしても立てません。それは時間系列で言うと、意識時間すなわち脳の命令による筋力の時間で立とうとしているからです。一方、押さえている人も脳の命令による筋力の意識時間です。すなわち同じ意識による時間同士だから衝突し、立てないわけです。

しかしこの時に座っている人にこちらから気を通すと、気はその人の細胞に働きかけてその人の時間が細胞時間となるので、その筋肉と細胞の時間差で衝突がなくなり簡単に立つことができます。速い細胞時間が遅い筋肉時間を包み込むことによって、押さえている人の力を無力化するのです。

つまり意識で立とうとする「頭の意識時間」から、「身体の細胞時間」に切り替わることで、相手より時間が速くなり、衝突がなくなって、結果立つことができるのです。

この事象にはこの結果だけではなく、次のような展開が起こります。それは時間が速くなった人、つまり細胞時間での動きとなった人は同時に身体が重くなるということです。それは体重が重くなるということではありません。気によって重力が働いているということです。

たとえば床に寝ている人の身体を持ち上げると簡単に持ち上がります。ところがその人の身体に気を通すと、体重は同じはずなのに、急にその人が持ち上がらなくなります。すなわち重たくなります。それだけではなく、さらにその人の手足に乗ると、ふつうであれば痛がって悲鳴を上げますが、気を通すと乗られても全く平気でいられるのです。

このことは次のように説明できます。すなわち、体積が同じで重たくなるという変化は、「気」によってその人の密度が濃くなっていることを示しています。

密度が濃くなるということは、身が詰まった状態とも言え、結果、身体が強くなるということです。

気によって、頭の意識時間から身体の細胞時間に切り替わることで、立つことができる

しかし、それだけではありません。気を通される前は寝たまま第三者に手を掴まれると、その人を投げることができなかったのが、気を通されると簡単に投げることができます。別の強さの一面です。

この気を使っての方法は、1人だけではなく、大勢の人、つまり50人くらいでも一辺に、しかも同時に重くしたり強くしたりすることができます。このように気はいろいろな形で瞬時に変化をもたらすエネルギーであることが分かります。

気を通すと……

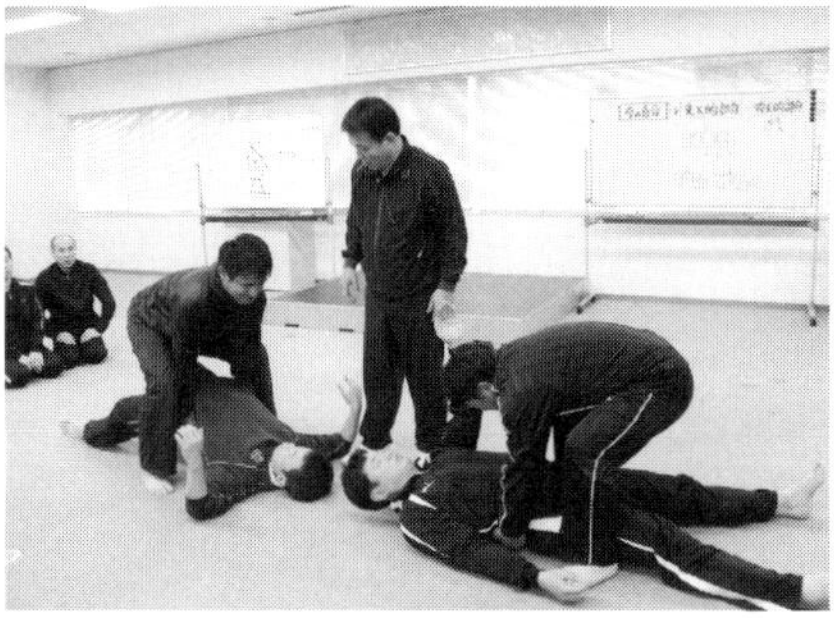

①持ち上がらなくなる

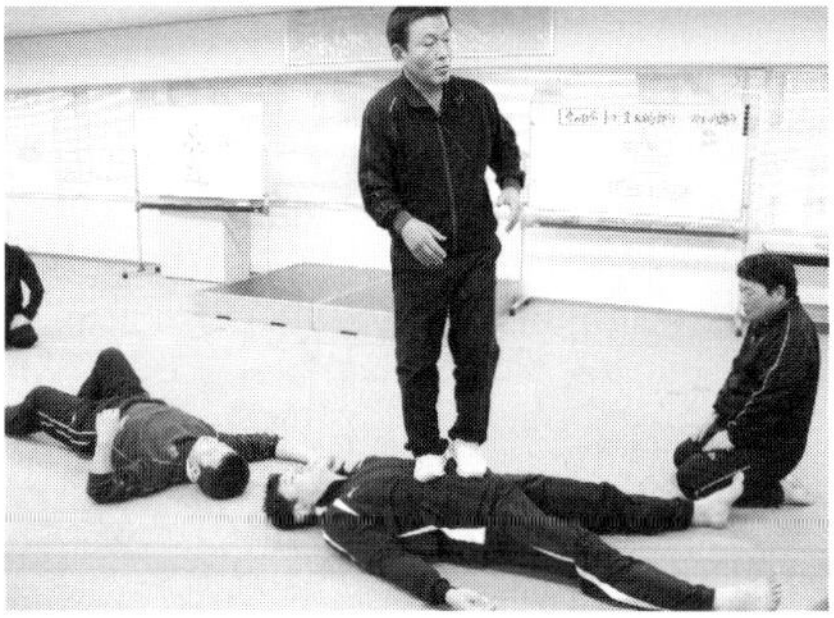

②乗られても痛くない

現在の科学文献や資料を調べる限り、こうした力の根源、メカニズムについての適切な説明は見当たりません。科学を優先する現在社会にあって説明がつかないというこの事実に対し、科学者はもっと謙虚になる必要があると感じています。

一般的な科学理論や推測の仮説とは異なり、実証事実が先行しているという観点から、ここではあえて「絶対仮説」と位置付けています。

植物が大地から養分をもらって成長

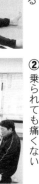

していくように、本来人間も大地からのエネルギーを受けていると考えています。そのエネルギー源が「重力」です。なぜなら身体が重くなったり軽くなったりする要因は重力でしかあり得ないからです。重力の発生源は地球であり、その人の地球とのつながりの変化・度合いによって、「より強くなるエネルギー」を取り込むことができます。

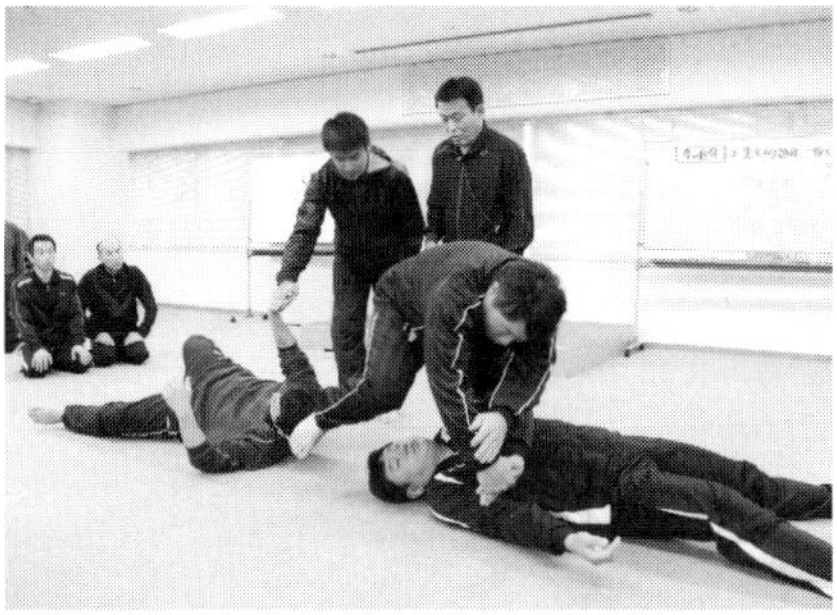

③④ 掴んできた相手を投げることができる

人間は生まれながらに完成形

このように人間は宇宙時間につながっていて、かつ動いている時空に存在し、大地の重力とも大きく関わりながら存在している、すなわち生かされて生きている、と捉えることが、「気」を理解する上で大事な要素となります。

また気を通して見えてくることは、「人間は生まれながらにして完成形である」という認識です。

自動車、パソコン、テレビ、携帯電話などは、設計図をもとにあらゆる部品を組み立てることで成り立っています。しかし生命体である私たち人間は部品で成り立っているわけではありません。一ミリにも満たない、まさしくこれ以上分けようのない一つの受精卵から、お母さんのお腹の中で細胞分裂を繰り返しながら、10ヵ月後に37兆個の細胞で個を成して誕生します。しかもその37兆個の細胞すべてが役割を持ち、かつ相互に強い関係性をもって無限成長の可能性を秘めた一つの生命体、すなわち個の「私」として誕生してきます。

しかしながら今まさに最先端であるはずの科学や医学などの世界では、このような人間という生命体を部品で構成された集合体のようにそれぞれパーツ化し、すなわち部分化し、部分分析しています。まさに生命体として自発的な無限成長の役割や関わりを分断してしまっているのです。

たしかに身体の一部分を移植したり、薬などによる対症療法で治療や延命の効果を上げるなどの対応が必要な時もあります。しかしそういう考えやあり方が逆に、本来人間が生命体として持つ潜在力を引き出したり開発したりする上で弊害となっているところがあるのです。

これは人間の誕生の神秘からすると当然のことだと言えます。

今、増えている精神的な病気なども、科学、医学、心理学の名のもとに本来完成形として統一体である人間を部分化しすぎたことに要因があります。生命体・統一体として、元々「一つの全体」としてある人間の最大の特徴は、すべてが調和・融合しているということです。だからこそ、そこから生じる目に見えない心や魂の本質も、本来であれば調和力を持っているのです。

この事は気の実証によって明らかです。

統一体と部分体

この「統一体」「部分体」という対比は、現代社会の課題の根源を理解する上で大変重要です。なぜなら今の常識となっている部分体の捉え方、あり方が、人間が統一体として本来生まれ持っているはずの潜在力に蓋をしている状況にあるからです。

「統一体」とは、人間を最初から37兆個の細胞からなる一つの生命体として捉えるあり方です。大きく言えばそれは地球上の生命体として、すべてのものと共存共栄する存在です。この統一体であり完成形である身体には気が流れ、全体からは活力が出ています。この活力がのちに詳しく述べる、今の常識の思考と身体では不可能とされてきたことを一瞬にして可能とする根源となります。

これに対し「部分体」とは、身体を一つではなくバラバラに捉えるあり方です。その典型が、腹なら腹、腕なら腕、足なら足と部分の筋力を鍛えるトレーニング方法や、身体の各部を部分分析する現在の科学や医学のあり方などです。すなわち身体を分析しそれぞれを強化すれば、それが全体の強さにつながるという錯覚です。

この部分体と統一体の捉え方の違いは、身体動作のみではなく思考においても同じことが言えます。常に全体を捉える統一体は、人間的な器の大きさや開かれた心につながります。一方、部分分析に偏重する部分体のあり方は、考え方やものの見方に居付きが生まれ、それが視野を狭め、さらに自己中心や閉鎖的な心につながっていきます。

この「統一体」と「部分体」のあり方は、さまざまな分野で大きな差異を生んでいます。とくに今の教育のシステムは、頭を優先した知識偏重主義に陥っており、こうした身体を置き去りにするバーチャル思考や、受験などの競争志向からくる思考は、対立構図をつくり、協調性に欠ける理屈人間を増やし、ひいては環境破壊や戦争といった、様々な課題を引き起こす要因につながっています。なぜこのような差が生まれ、それがどのような弊害を生み出しているか、次章で詳しく触れていきます。

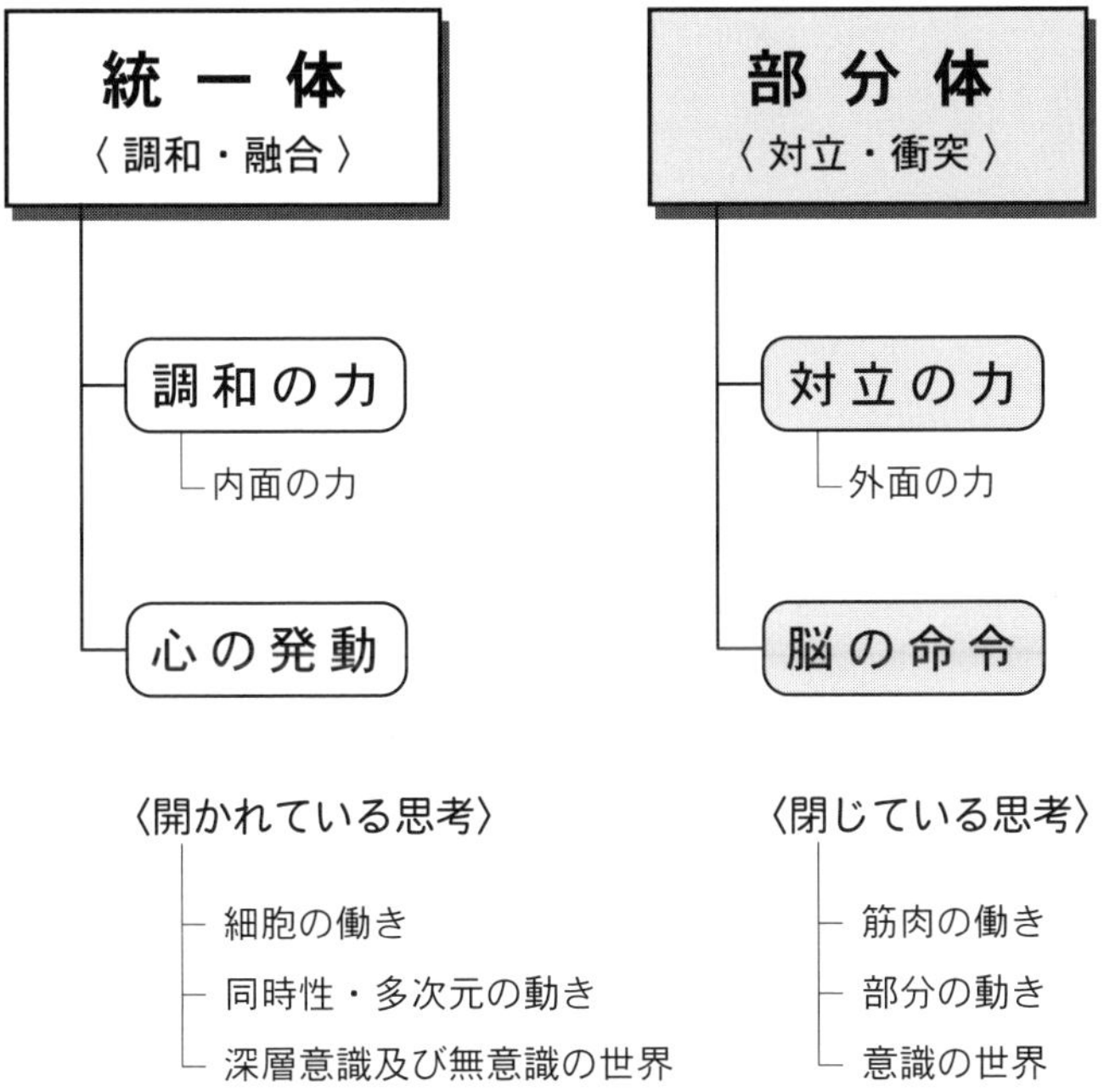

図3．人間力を開花させる統一体と真逆にある部分体

コラム（1）――内面のエネルギーは測定不能

2003年11月、土曜日の夜8時から9時のゴールデンタイムに放映された民放のTV番組『探検ホムンクルス』で宇城憲治氏が特集されました。その際に、宇城氏よりはるかに大きい筋骨隆々の若いボディービルダーと宇城氏がお互い立ったままで腕相撲をするシーンがありました。

そこでは事前に二人の筋力を測定器で測っており、ボディービルダーの筋力の数値が宇城氏の数値より1・5倍高いことが示されていました。ところが実際に腕相撲をやると、何度やっても宇城氏の圧倒的な勝ち。しかも一瞬にして勝負がついてしまいます。

その要因を探るべく番組では、二人の腕や背中、足などにセンサーをつけ、それぞれの筋肉の使い方を筋電図で示した上で、ボディービルダーが主に腕の筋力を使っているのに対し、宇城氏は身体全体を使っていたのだというもっともらしい解説をしていました。

後日、宇城氏からは「筋力に頼らず内面のスピードで行なっているので、筋力測定器の機能のスピードがあまりに遅すぎて数値に反映されない」こと、また「センサーをつけるなら足の裏にもつけるべきで、測定器そのものが本来のエネルギーの出どころを全く捉えていない」という感想を伺いました。

測定器で数値が出ても、実践結果はそれが真実ではないことを示しています。それは同時に、その理論・仮説が間違っていることの証でもあるわけです。それは「重さ」についても同様で、体重計の数値は変わらないのに、気によって事実上の重さが変わるなど、気によって変換されるエネルギーは今ある科学的計測器では測定不能ということです。なぜなら、それらのパワーの根源がエネルギーだからであり、そのための測定器は今のところ存在しないので測定できないということです。

またこの実験結果の捉え方については、長い間エレクトロニクスの世界で第一線で活躍してきた宇城氏の技術者としての確かな目があることも補足しておかなくてはなりません。

第二章

人間本来の力を引き出す「気」

宇城氏は、本来人間は、生まれながらに宇宙とつながっており、その宇宙時空の中で宇宙のパワーによって能力を発揮する存在であるとしています。その真実を宇城氏は様々な検証で実証しています。その一つが「子どもにできて大人にできない」という実践検証です。今の常識では子どもより大人のほうが優っているとされていますが、実はそうではない面が多々あります。この検証は、子どもには生まれながらに持っている能力があり、しかしそれが大人になる段階で何らかの要因で失われていくという事実を示しています。

私たちが本来ある能力を発揮するためには、今の常識や思考を超えたところで、まずはその現実をしっかり考察し、吟味する必要があります。

10 人の大人のスクラムを押し倒す子ども（大人は倒せないのに）

子どもにできて大人にできない

象や馬や牛の赤ちゃんは生まれてすぐに立ち上がり歩くことができます。孵化したウミガメが海の方向へ一斉に進む、あるいはカマキリがその年の雪の積もる高さ以上の安全な所に卵を産むなど、動物や魚、昆虫においては、生きるための本能として、教えられなくてもすでに備えられている不思議な能力があります。

それは、人間の赤ちゃんも同じで、教えられなくても自然にハイハイし、その次はよちよち歩き、そして徐々に自由に歩き回れるようになります。それはそのことを身体がちゃんと知っていて、つまり細胞の中にすでにその仕組みがあるからです。

この人間本来のあるべき姿を教えてくれているのが身近にいる赤ちゃんや子どもの

身体です。赤ちゃんや子どもは大人より当然弱い存在と考えられていますが、実は子どもは大人よりはるかに強いエネルギーを発揮するところがあるのです。

それはこれまでの常識を根底から覆すような内容ですが、以下にすでに道塾や親子塾で実践している実証例を紹介します。

写真（41頁）は、両サイドからがっちり組んだ10人の男性のスクラムを大人が押してもビクともしないのに、子どもがそれを簡単に崩しているところです。この事実は、実際その場を体験しないとまず懐疑的になるでしょう。これが普通の人の捉え方だと思います。しかし、そこにはこれまで体験したことのない世界があることを同時に教えているわけです。なぜ子どもはできるのか。それは子どもの押す力の本質に、大人の筋力的な力とは全く異なる働きがあるからです。すなわち、大人にはないエネルギーが子どもに備わっている、まさにこのエネルギーの本質が「調和力」なのです。

大の男たちが崩せないスクラムを、一方で同じ大人である私自身は簡単に崩すことができます。そこにどんな違いがあるのか。子どもが崩せる、大人の私が崩せるなかで、何度挑戦しても崩せない大人の問題点が見えてきます。それは「倒そう」とする意識と「倒されまい」とするスクラム側の意識の筋力が生み出す対立です。これは先述した、正座している人の両肩を押さえて立てないという衝突のメカニズムと同じです。しかし子どもにはその対立の空気がありません。実際に子どもにやらせてみると、思った通りにスクラムを崩すことができるのです。そのできる本質が「調和力」です。

この「調和力」こそ、自然体として子どもに備わっているエネルギーであり潜在力です。子どもは大人と違って身体の素直さゆえに、無意識に調和力を使えているということです。今の常識では子どもが大人に優るということはあり得ないですが、この検証は、人間は生まれながらにそのような力を持つ、すでに「完成形」であることを証明しているのです。

大人は、「押す」際にどうしても「押そう」という意識が働き、その結果、対立が生まれ、結果衝突して押すことができません。この「何かをやろう」と意識するあり方が力の対立や衝突を生み、その事によって身体を部分体化させ、かえって弱くしてしまうのです。

一方、子どもはもともと素直で調和する身体を無意識に持っているので、自然体である統一体としての調和力を働かせることができ、結果、押すことができるのです。

検証では子どもが直接スクラムを押していますが、スクラムを崩せなかった大人の身体に子どもや赤ちゃんが触れるだけでも簡単に崩すことができます。それは、触れることで大人は子どもや赤ちゃんから調和力を映してもらえているからです。それは子どもだけでなく、お腹に子どもを宿している妊婦さんが触れても同じです。また私が「気」を通すことによっても簡単にできます。つまりこのことは、気が調和力を創り出しているという証でもあります。こうした例は、常識では考えられないことですが、すでに実践で実証している事実です。

以上から次のようなことが分かります。すなわち「子どもにできて大人ができない」のは、子どもが大人になっていく過程において、「できていたことが、できなくなってしまう」何らかの「後天的要因」があるということです。具体的には、本来統一体であるはずの人間が部分体化していくという課題です。

この事は早急に大人が気づかねばならない重要な課題です。なぜなら統一体を失った大人は、子どもに備わっている統一体の持つ能力に気づけないからです。気づけないだけでなく、子どもが本来持つ能力の芽をつみ、抑え込み、閉じ込めてしまうからです。これは何も身体的なことだけではなく、ものの見方や考え方、ひいては生き方にも大きく影響していきます。残念なことですが、子どもの思考的な面、学習教育面などにおいての学校教育のあり方にもこの部分体化がすでに及んでいます。

現行教育システムの弊害

かつての日本の歴史を振り返ると、１５００年頃の戦国時代から平和な江戸時代、そして激動の幕末、時代の夜明けとも言える明治維新といった改革を伴った時代に比して、現在の日本は、国の次元も私たち一人ひとりのエネルギーも低下してしまっていると感じています。その根本要因は、本来の統一体である人間が部分体化されていることにあると考えています。それは、まさしくそこに至るまでの環境や教育にゆがみが生じているということだと思います。

数学者で奈良女子大学の教授であった岡潔氏は、約60年前、著書『風蘭』で、日本の教育の課題をすでに予測し、以下のように綴っています。

「多くの人は、人には心があることを忘れてしまっているように見えますし、教育もこんなことを続けているとどうなるのだろうというような教え方を変えようとはしません。（…中略）

三歳児の四割が問題児という厚生省の発表がありました。みなさんもそうでしょうが、わたしはこの悪い知らせがこんなに早く来ようとは予期しなかったので、寝耳に水のように驚きました。問題児というのは、夜尿症を除いて、医者が見てひじょうに目につく欠陥のある子という意味ですから、このまま行くと、六十年後の日本には、ちょっと乗りこせそうもない、きびしい寒さが来るということになります」

「『人に勝ちたい』という衝動的判断が人を修羅道（猜疑、嫉妬、執着によって醜い争いを続ける人間の姿を揶揄）に導く。修羅道は『タフな世界』というだけで、それ自体が地獄であるわけではないけれど、それはまっすぐ地獄へ向かう道筋である。にもかかわらず、私たちの社会は、家庭でも学校でも、子どもたちを『人に勝ちたい』という衝動的判断によって動くように教育している。いわば『修羅道』に生きるノウハウを教えている。というのは現代の学校教育の最優先目的は競争に勝つことだからである。競争に勝って、高い格付けを得て、権力、財貨、栄誉など社会資源の分配において優位に立つこと、それを親たちも教師たちも子どもに求めている」

（岡潔著『風蘭』　１９６４年）

岡潔氏の言う60年後とは、まさに今です。その通りになってきているのではないでしょうか。現在の学校教育での指導は、言葉、知識優先の指導です。つまり知識を詰め込むティーチング指導です。本来あるべきエデュケーション、すなわち教育とは、もともと「引き出す」という意味のエデュカーレからきているとされていますが、実態は、いつの間にか、そうした教育の本質よりも受験や知識詰め込みの教育が優先されてきました。そういう経緯を経てきた結果、明らかになったことは、今も続く受験主義を主休とする教育システムが、子どものその後の人間としての成長に大きな弊害をもたらしているということです。

それはもともと生命体として統一体であった子どもの思考や身体のあり方をわざわざバラバラの部分体にするというものです。何事も自然体で捉えていた素直な子どもたちが教育を受ける過程で頭、知識を優先するようになり、腕なら腕、足なら足というように部分的な動きのほうが身体論的には自由だという錯覚をしてしまっているのです。それは現在の科学や部分分析を主体とする要素還元主義の影響が大きいためです。

分かりやすく言えばビールの味を言葉や知識で教え込むようなやり方をしているということです。ビールの味は実際に飲むことでしか理解することができません。一口飲めばすべて分かります。しかも一人として同じ味はないでしょう。

また自転車の乗り方も同様で、乗り方の知識をいくら得ても乗ることはできません。実際に自転車に触れて何回もこけることでしか乗れるようにはならないのです。そして一度乗れるようになると、その後はずっと乗ることができます。それは乗れた瞬間に「自転車に乗れる」と

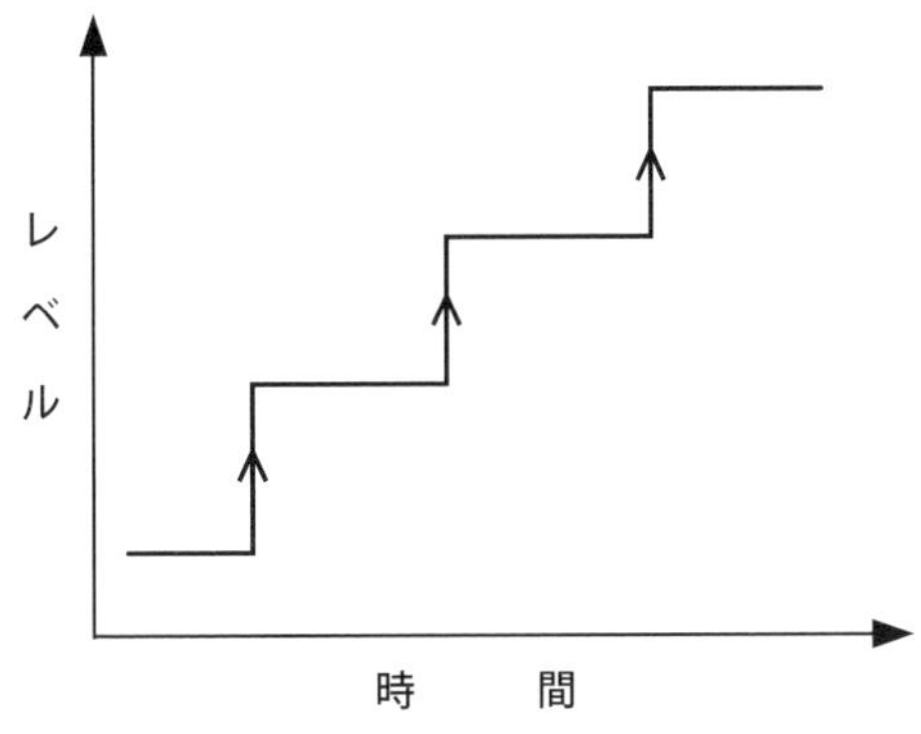

図４．非可逆的ステップアップ

いう身体を通してのシステムが脳に記憶され無意識化されるからです。それを私は「身体脳」と呼んでいます。子どもたちには知識以上にこの身体脳の開発が大切なのです。

職人などに見られる技術も、ある時点、時点で身体脳が開発される世界です。すなわち、自転車に乗れることと同じ現象で、一度乗れると逆戻りしない「否可逆的ステップアップ上達」が起こります。この身体を通しての否可逆的ステップアップは、身心を伴った一種の悟りと言えるかもしれません。職人さんの誰もが口にする「まだまだです」という言葉が、まさにそれです。今に決して満足せず、まだまだ奥があること、永遠の学習と無限成長のあることを身体脳が教えてくれているのです。まさに悟りです。

知識や資格や肩書に満足していては、謙虚さでしか悟り得ない無限の深さに気づくことができません。

この知識偏重の傾向は、科学の世界においても同様で、科学の要素還元主義をベースとした部分追究するあり方は、いくら追究しても部分は部分であり、また部分を統合しても統一体にはならないということです。部分の追究をすればするほど、かえって肝心な全体が見えなくなるのです。

とくに生命体を扱う分野における部分分析の追究は、統一体という全体だからこそ引き出せる潜在力の本質を我々から遠ざける要因となり、大きな課題だと思います。

またスポーツの世界においても同様です。スポーツの世界では、強さ＝筋トレで鍛えるあり方が常識となっています。すなわち身体の各部を部分分析し、体幹とか脱力とか筋力などというように部分的な強化が全体の強化につながるとする「部分体統合」が主流となっています。

しかしそれは統一体からすると、本来全体で働いていたはずの身体をわざわざバラバラに機能するように訓練するようなもので、かえって全体的な力の発揮を妨げる要因となっています。

スポーツ選手に怪我が多いのは、単に競技の危険性や過酷性だけでなく、こうした部分体トレーニングに大きな要因があります。

先ほどの検証の例で言えば、部分の筋力に頼る大人は相手と衝突してしまうので、スクラムを崩すことができないのですが、まだ生まれながらの調和力を失っていない小さい子どもたちは、自然体で崩すことができるのです。

私自身、たとえば1対5の腕相撲や、がっちり組んだ10人を動かすなどを行なっていますが、これは筋力をベースとした今の常識の力の概念からはあり得ないことです。しかし「調和力」という人間本来の力をもってすると、そういうことが可能なのです。

このような「筋力よりも強い世界がある」と言葉で説明しても、常識にはない世界であり、どうしても懐疑的になりがちです。しかしそれを目の前で見、さらには自身で体験したりすると捉え方が変わっていきます。とくに子どもたちの変化は速いです。身体を通して言葉以上の学びを受け取るからです。一方、大人は体験しても今までの概念・知識から抜け出せず、受け入れるまでに時間がかかります。

それは、大人は身体で感じる前に頭が働いてしまい、子どものようにすぐにその事実を受け入れて行動することができなくなっているからです。それではいつまで経っても人間に存在する潜在力に気づけず、身体能力も発揮できないということです。

頭脳から身体脳へ

図5（50頁）は、私が主宰している空手実践塾や道塾、スポーツ指導の現場で実践しているメカニズムですが、身心一致に見る統一体が従来の部分体とは比較にならぬほどの力を発揮するあり方であることを示しています。

【A】は従来の身体、筋肉による動きのメカニズムで部分体の動きです。知識をまず脳で吸収し、その脳の命令すなわち頭で身体を動かすというものです。

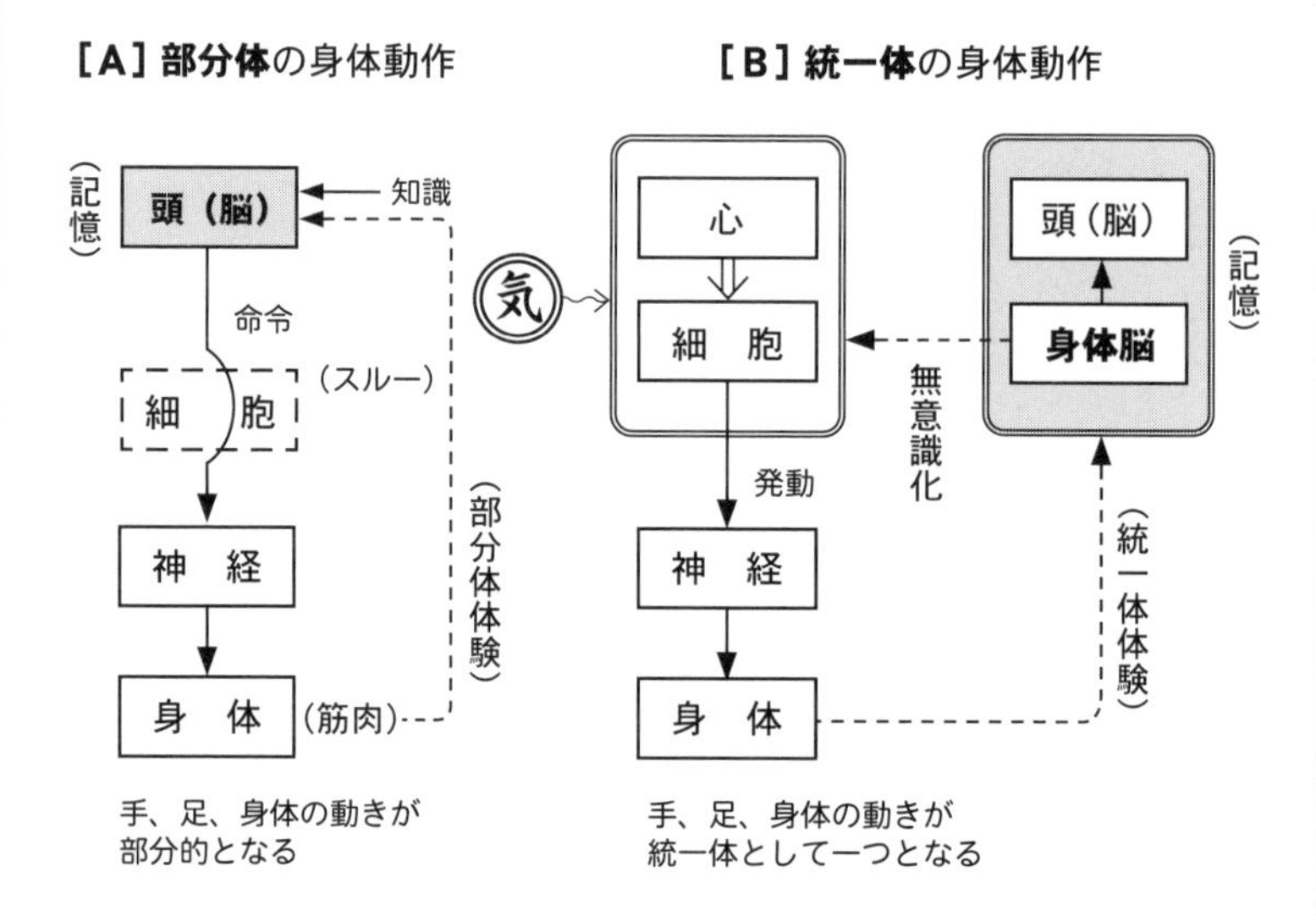

図5．部分体と統一体のメカニズム

【B】は心を発動とする身体の動きのメカニズムで、統一体としての動きになります。すなわち身体知ですべてを受け止めて身体脳として記憶し、それを脳に焼きつけます。【A】は心と細胞がスルーされた頭の命令による指示を表わし、【B】は心と細胞がその発動源であることを表わしています。

この「統一体」と「部分体」の対比は、脳や身体、そして心のあり方・考え方において、従来の理論、理屈とは全く異なる観点からの捉え方を提唱しています。

「統一体」と「部分体」の違いをあえて科学的に捉えて対比すると、部分体は今の常識の力に見るような筋力を主体とする概念で、どちらかと言うと古典力学的な捉え方です。

一方「統一体」は、今の常識の力を超えた「調和する力」や「触れずに動かす力」

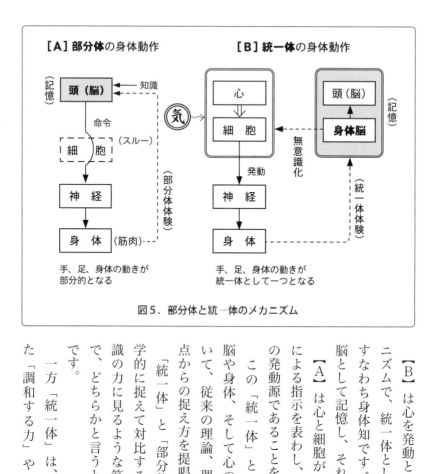

気で投げられた人は、自分を掴んできた人をさらに投げることができ、それは次から次へと連鎖していく

などに見るように、量子力学的な捉え方で、量子論の概念がよく当てはまります。

生命体として一つの個を成している身体に気が流れることで、真の統一体となります。気の通った統一体は、相手すなわち対象に対して調和力というエネルギーが生じます。たとえばふつう空手や柔道、合気道などで投げられると、投げられた人は「やられた」となってそれでおしまいになりますが、気が通った統一体で投げると、その投げられた人が、投げたその人をまた投げることができます。つまり気で投げられた人は、投げた人の気が身体に取り込まれているので、投げられた状態のまま、投げた人を投げ返すことができるのです。そしてそれは気が途切れない限り、互いにずっと投げ続けることができます。

すなわち気による「投げる→投げられる→投げる→投げられる……」の連鎖が起こります。このことは連鎖が「投げた、投げられたの優劣をつけて終わり」の次元ではなく、「交互に投げ続けられる優劣のない高い次元」にステップアップしていることを示しているのです。

まさにこの事実は、これまでの「勝ち」「負け」の概念を根底から覆すものです。すなわちどちらが有利かという次元ではなく、「どちらも強い」という新たな高い次元を示しているのです。これが調和力の次元です。

こういう次元を体験すると、「対立、衝突」がいかに低い次元にあるかに気づくことができます。また気を取り込んでいる身体は調和を生み、そのことは人間としての「寄り添う」次元に向かわせます。このようなプロセスを踏むなかで、人間がこの地球上に生かされている存在であることに気づかせてくれます。

人間と同じ生命体であるライオンや象などの動物は、トレーニングやストレッチをしなくても十分強くしなやかです。人間も同じです。そもそも筋トレなどしなくても、人間も自然体であれば強いのです。日本古来の武術などに示されるような人間としての素晴らしい力、すなわちそれが潜在力であり、その潜在力の発掘を可能にするのが「気」であり、それによって生み出される気に満ちた身体が、すなわち統一体です。

情報は情報でしかない

私たちは今、多くの情報に囲まれており、何もしなくても自然にインターネットやメディアなどを通して世界の様々な情報を得ています。それらを知識として単に取り込んでいると、いつの間にかそういった情報を「事実」として鵜呑みにするようになります。それがエスカレートしていくと、次第に自分で事実を「知ろう」としなくなります。自分で知ろうとしないと、当然その情報の根源にある真実も見失います。そういうあり方は実態としての現場を見ようとせず、何を成すにもバーチャルな情報、知識となり、行動が伴わない頭だけの机上の論理となります。

机上の論理という知識優先の「バーチャルな見方」の情報は、身体が受け取る情報と比較すると桁違いに小さく「木を見て森を見ず」となり、これでは全体を見て判断することができません。

「知る」「知ろうとする」ことは積極的でいいことのようですが、部分的な知識でのそれは、「知らない」「知ろうとしない」ことと同じなのです。知識の情報で判断することは、危険な行為であり、ひいては自分以外の事は無関心ということにもつながっていきます。

情報は情報でしかありません。こういった知識に頼るあり方から自分を解放するためには、まずは一人ひとりのレベルを上げるということです。レベルを上げるとは、人間を取り戻す、すなわち人間の根源「心」を取り戻すということです。さらには、行動の起爆剤となる気を取り込んだ統一体になることです。そして現実をしっかり捉え、志を高く持ち、掲げた理想を現実にしていくということです。それによって人間のエネルギーが満ちてきます。まさに今、そして次世代において、このことが必要とされています。そのエネルギーを引き出す最高のシステムが「気のメソッド」です。まさに今を変え、次世代を生き抜く一つの答えであると思います。

コラム（2）――子どもが自然体として持っている調和力

子どもや赤ちゃん、妊婦さんが、大人ががっちり組んだスクラムを男性の大人が崩せないのに崩せるという事実は、今の常識からすると誰もが懐疑的になります。この事実こそが今の常識は真の常識ではないということの証だと宇城氏は言います。

懐疑的な事に対しては理屈よりも「やってみせる」という実証が最も有効な手段であるとして、氏は本章で紹介した、スクラム崩しを実際に体験させています。

スクラムを簡単に崩せる宇城氏だからこそ、その力の出所も知っています。しかしそれを今の常識に照らし合わせて表現する言葉がありません。そこで自身が「崩せる」時と同じ雰囲気を、子どもや赤ちゃんが無意識につくっていることに気づいた宇城氏が、実際に子どもにスクラム崩しをやらせると、その通りになったということです。

この事実に大人は全員「なんで?」となりますが、まさにここに人間力のひとつの本質があり、同時に今の常識にはない「自分の知らない世界がある」ことを教えているのです。

第三章

戦わずして勝つを生み出す「気」

統一体となって発揮できる身体の潜在力。その統一体を土台に発揮される「気」で間《ま》を制し、相手の事の起こりを押さえ、「先《せん》」を取ることで武術の究極「戦わずして勝つ」の境地を実現しているのが宇城氏の空手「宇城空手」です。

武術の条件は、相手を完璧に制することにあり、生死をかけた戦いの場という実践の世界では、勝つこと以上に「自分の命を守るための時空」が必須でした。その場に臨んでは究極の心の働き、すなわち心が先に立ち、その上での、すなわち「心法の下《もと》」の術技が必要でした。生死の間の実戦から見出された「生き残る時空」、その時空を制する法則として型や攻防の術技が生まれ、その最高峰にあったのが「気」であり、まさに武術は気の世界を具体的に語る最も適した世界だと思います。

本章では、宇城氏が実践している武術の絶対条件、すなわち間を制する、相手に入る、相手と調和するなどの具体的な技を通して、時空や間をコントロールする気の実際を紹介していきます。

平和に見える今の時代になぜそういった武術の条件が必要なのか。それは武術が、真剣という生と死の時代的背景を通して生まれた、生き残るための最良の方法を教えているからです。まさにそれはいかなる時代、時期にあっても、常に後手にならないための「先」を取る生き方です。

自ら再現し悟ったからこそ表現できる世界

私たちは常に動いている宇宙、銀河、地球上の時空に存在しています。この時空に存在しているエネルギーを取り込むのに気が大きく作用していることはすでに述べましたが、この作用によってさらにいろいろなエネルギーが生じることを武術は実証しています。

なぜ「気」は宇宙のエネルギーを取り込むことができるのか。それは武術に「気」を生み出す本質があるからです。その本質とは、武術の究極「戦わずして勝つ」にあります。

江戸時代の武術の勝ちに、

「打って勝つは、下の勝ちなり。
　勝って打つは、中の勝ちなり。
　　打たずして勝つは、上の勝ちなり」

の三つのステップが残されています。

まさに最後の「打たずして勝つ」が「戦わずして勝つ」という境地です。

その境地は、今の競技武道の「始め、止《や》め——判定」という「勝ち」とは次元が違います。

武術の究極であるこの「戦わずして勝つ」に至るには、間を制し、先を取らなければなりません。

それには相手と調和することが必要です。戦うのに調和とは矛盾に思えますが、分かりやすく言うと、相手を包み込むということです。それには「対立の中の調和」が必要なのです。その調和の具体的な技術が、「間を制し、先を取る」です。

まさに「間を制する」「先を取る」は当時の時代背景から生まれた貴重な産物だと言えます。そしてこの「間を制する」「先を取る」に「気」が大きく作用していることが実体験としてよく分かります。

「間を制する」とは、具体的に言えば時間を制する、距離を制する、さらに時間と距離の両方を制するということです。これらは再現しているからこそ理解でき、表現できる世界です。

私が実践している空手や居合は、その原点に「戦わずして勝つ」を生み出した江戸時代の無刀流や「臆する」を払拭する一刀流の「心法」や間を制し先を取る「術技」があります。そこに至ることで確信を得たのが「気」というエネルギーの存在であり、それを自在に扱える術《すべ》を身に付けるに至りました。

時代は異なるものの、その究極に至るプロセスは同じであり、そこに「気」が関係していることが分かるのです。

ただし江戸時代の剣聖の実態を実際に見ているわけではありません。伝統として残されている諸武術の型や術技、そして口伝、さらには資料や写真、歴史研究を基にした書籍などの内容を、長年やってきている古伝空手、古伝居合の実践を通して「気や間や先」を再現できたからこそ理解できる世界と言えます。

作家にしても、実在した剣聖の口伝や、弟子が残した資料などを参考に小説を書いているわけですが、たとえばお互いの剣の刃で打ち合った瞬間、勝負が決まる描写などは、実際は時間にして0・5秒もないほどの瞬間だと思います。その「勝負あり」が文章では一行くらいで表現されるわけですが、その一行で表わされた一瞬の勝負の表現は、「気」の存在を知っている立場からすると、一行どころか百行千行にもなるのです。0・5秒以下というわずかな時間といえど、勝負の瞬間にはそれほど奥深いものがあるということです。それは目に見えない世界であり、再現して初めて分かるところです。この表現の差は、知識を基にした推測か、自ら再現し身体で悟ったことを基にしているかの違いにあります。

文章で表現できないところに相手と自分との「間《ま》」および、相手の太刀筋《たちすじ》を変化させる「間」、すなわち時空を変化させる極意が存在しているのです。それがまさに、刀を抜く前に勝負をつける「戦わずして勝つ」のあり方です。それは武術の極意としての「先《せん》」であり、そこには同時に異次元時空がつくり出されているのです。

こうした相手との間を制し「戦わずして勝つ」を可能にするエネルギーの本質に「気」があります。この「気」は現在のスポーツ、競技武道や知識で得られるものではないことは明確です。「気」を生み出し、かつ活かすプロセスを内包している伝統武術は、知識偏重の時代にある今だからこそ、学ぶ価値があり、時代を超越して大いに活かされるべきエネルギーであると考えています。

気による無意識への働きかけ

「先を取る」とは、相対した相手の「事の起こり」を押さえることによって、より先に相手を制するということですが、「事の起こり」とは相手の動作のことではなく、その動作をしようとする相手の「脳での意識の段階」よりもさらに前の「無意識の段階」のことを言います。また武術で言う「入る」とは、「先」の一つであり、まさにこの「無意識のところ」の何かを感じ取って対処するというものです。

相手の無意識の事の起こりを捉え、感じ取り、先を取ることによって「入る」を可能にするのが「気」です。また「気」はそれだけでなく、相手の事の起こりを起こさせないようにすることができます。後で詳しく述べますが、「ゼロ化」です。

身体の時系列（第一章参照）である、筋肉、神経、細胞の時間軸において、気が働きかけるのは身体の中で最も速い時間を持つ細胞です。そしてこの細胞がつくり出す時間は人間の無意識領域にあることも分かっています。この無意識領域に働きかけるのが「気」であり、それによって生み出される時間が４次元時空の中に存在する「先」です。

たとえば気が細胞に働きかける分かりやすい例として、まず一人が後ろから両手の上を羽交い絞めし、拘束します。思いっきり羽交い締めされると、簡単には相手の手をはずすことがで

①後ろからがっちりと羽交い締めされる。自分では身動きすらできず、はずせないが…

②気を通された瞬間に、簡単にはずすことができる

きません。しかしそこに気を通すと、一瞬にして上にはずすことができます。

羽交い締めをされ全く身動きできない状態から、気による細胞の変化によって一瞬にして身体が自由になるわけです。すなわち羽交い締めをされている人の細胞が気によって活性化してその人の身体時間が「意識による筋肉時間」から、「無意識の細胞時間」となり、後ろから筋力で締めつけている相手の「筋力時間」との時間差で相手との対立が消え、相手が無力化され、はずすことができるということです。

このように身体を無意識領域の細胞時間にするということは、生死をかけた戦いの場である武術の世界においては絶対であったと思います。少なくとも「戦わずして勝つ」の境地に立つ剣聖と言われた人たちの術技に気の働きがあったことは、それを今に再現しているからこそ理解できるのです。

気による効力として「ゼロ化」（持論）がありますが、相手のゼロ化は相手の「無力化」で、自分へのゼロ化は「自由自在」になるということです。自由自在になるのは、気の働きかける領域が無意識下の細胞モードになることで身体の動きが通常ではあり得ない自在な動きとなり、スピードはもちろん、パワーも高まるからです。一方、相手の動きはスローモーションやストップモーションに見えるので、相手に入っていくのも容易になります。

意識と無意識

人間には意識できない無意識という時間帯が存在することを『マインド・タイム』の著者ベンジャミン・リベット博士は実験などによって証明しています。たとえば「危ない」と思って車のブレーキを踏むような場合、実は身体は先に無意識の行動としてブレーキを踏んでいて、この時間の始まりが0・2秒後で、そしてブレーキを踏んでいることが意識で自覚できるのは、0・5秒後だと。つまり頭で「危険だ」と認識するのは0・5秒後で、身体動作はその前の無意識領域の0・2秒後から始まっているということです。

人間におけるスピードは、まさにその起こりが無意識で行動を起こしている0・2秒からの世界にいるか、意識の0・5秒からの世界にいるかで違ってきます。したがってどの時点で感じるか、あるいは感じないかで命運も分かれるところですが、現実的には私たちは、0・5秒以降で

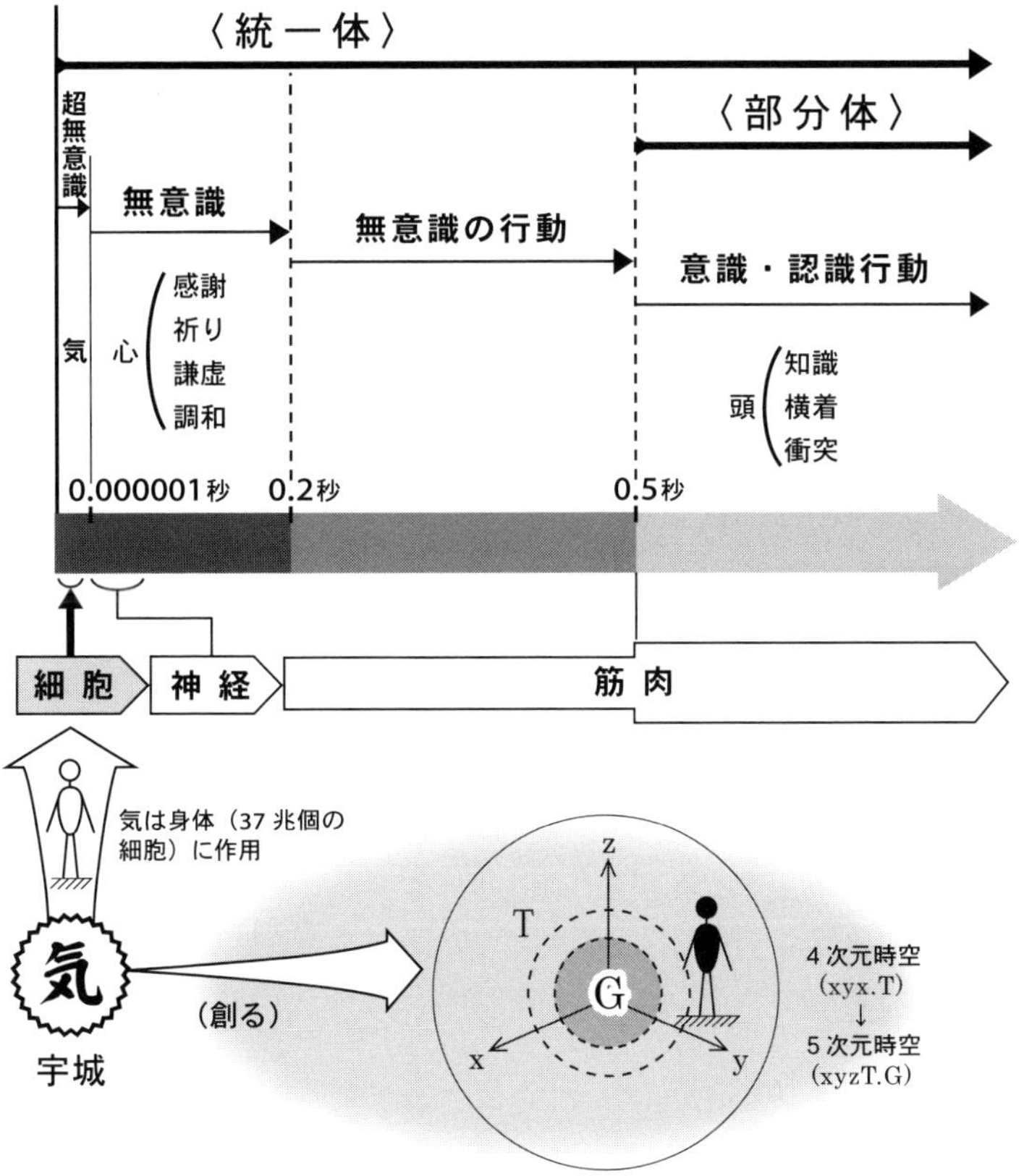

- ベンジャミン・リベット博士によると身体が無意識に反応するのが 0.2 秒後だとしているが、細胞レベルのスピードは、実験で出されたデータなどでは計れない桁違いな速さにある。
- 出発点 0 秒からのスタートは統一体。
  出発点 0.5 秒からのスタートは部分体。

図６．宇城式「気」の作用体系図

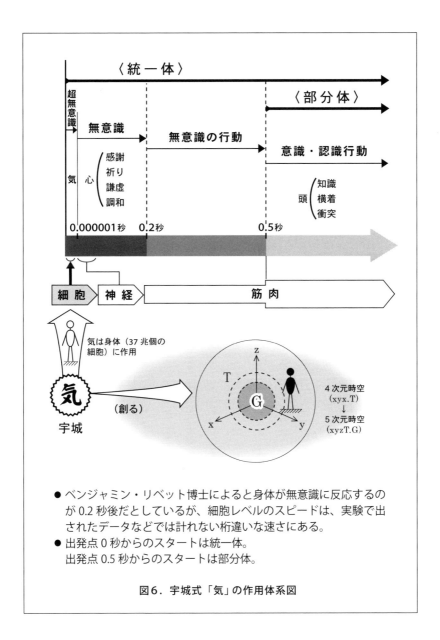

しか気づくことができないので、命運もはっきりしています。しかし、リベット博士の言うところの0・2秒後から始まる無意識行動よりはるかに速い無意識時間を得る方法があるのです。それがまさに0・000001秒というスピードを持つ細胞に気が作用する宇城空手の実践プロセスであり、その気による無意識領域の作用としての内面のスピード化は図6（63頁）のように体系化されています。またそれを実践できる術技を開発しているので、能動的に活用できるわけです。

ほとんどの人が0・5秒後の意識の世界にとどまっていますが、その状態にあっては常に意識が働き外面の行動が先行するので、行動に時間がかかります。また迷ったり悩んだりする時の時間も同様で止まっています。意識時間にいる人や時間が止まっている人の身体は気が流れない部分体となっているので、身体は居付きの動作となり、また身体の呼吸もつまっている状態となります。

人間には、外面のスピードと内面のスピードがあり、内面のスピード、すなわち無意識の時間領域にあるスピードは、外面とは比較にならないほどの速さがあります。その速さを得ようとするなら、心を先行させることが必要になります。と言うより本来人間は心が先行すれば、速い内面のスピードを得ることができるようになっているのです。心は目に見えないですが、行動によって見ることができます。無意識の中でかつ日常の中で培われるものなのです。

たとえば、電車におばあさんが乗ってきました。「席を譲ろうかな」は意識であり0・5秒後の遅い世界です。しかし「気づいたら席を譲っていた」これが無意識の行動であり、0・2〜0・

5秒の速い世界です。無意識には頭で考えるという意識が介入しないので、スピードが速く身体も強くかつエネルギーも出ます。

ところが「席を譲ろうかな」と迷っている時は、意識の世界にとどまるので、エネルギーが出ません。部分体や知識偏重の教育というのは、まさにこの0・5秒後にある世界であり、従って身体の呼吸は止まり集中力も欠けます。

一方、子どもの時間は、大人と比べて桁違いに速いです。それは子どもは時計的な客観的時間ではなく主観的な時間の世界にいるからです。主観的時間である内面のスピードは0・5秒以前にあり、客観的時間の外面のスピードは0・5秒後にあります。大人はこの客観的な時間に縛られがちです。

どちらの時間にいるかで速いか遅いかの差が出てくるのですが、当然それはその人の行動のスピードの差となって現われます。この差は、人間としての差ともなり、大小の二本の刀を差していた江戸時代の頃の日本人と、今の日本人の差にも如実に現われていると思います。

ただ、このリベット博士の理論は、実験データからくる説であり、同じ無意識時間といえども私が実践提唱している細胞の百万分の1秒の無意識時間と比べると、桁違いな遅さにあることが分かります。つまり武術の世界で必要とされる術技からすると、リベット博士の言うところの「無意識の身体のスピード」では遅すぎるということです。この違いは単なる研究の次元の話か、実際の必要性からくる話かの差とも言えるかも知れません。

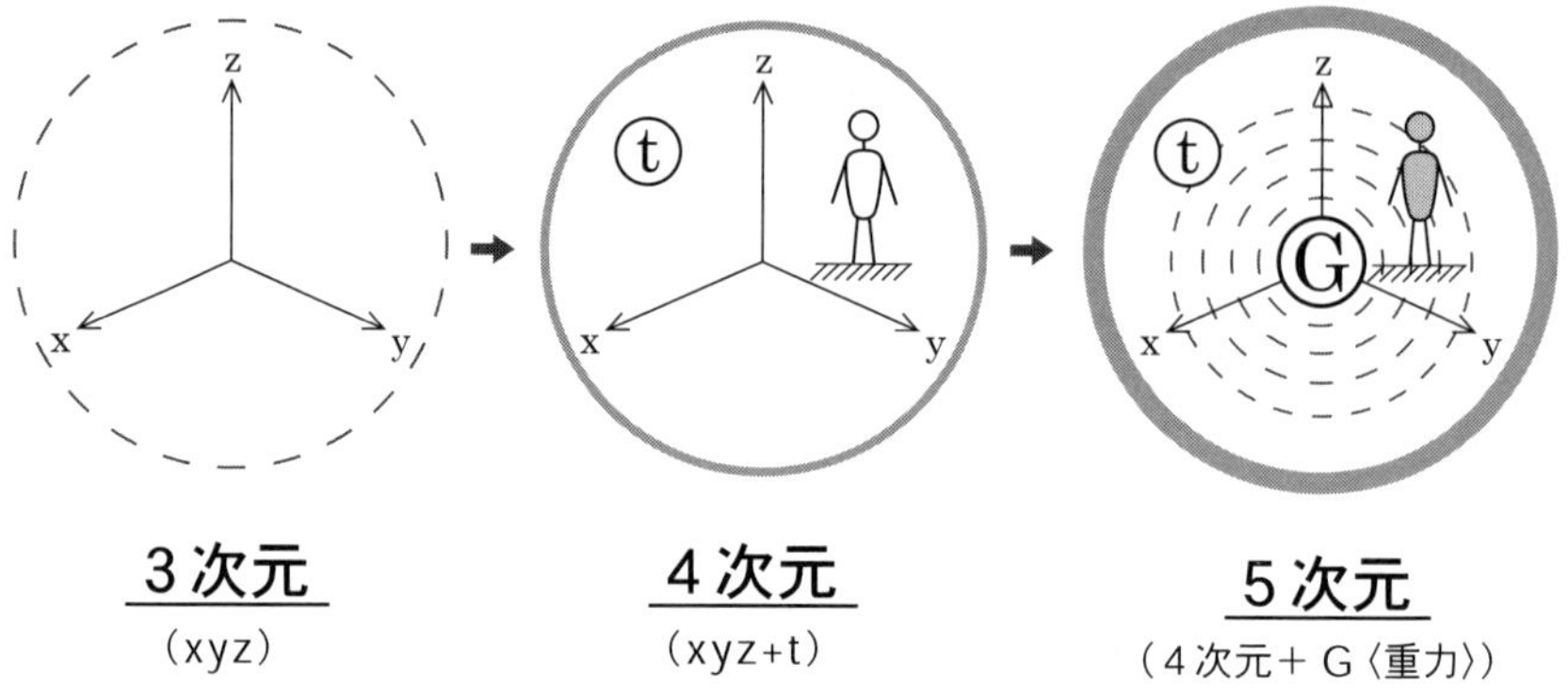

図7．次元の変化とステップアップ

5次元時空と重力

私たちが住む世界は、「x、y、z」という3次元空間に、時間「t」をプラスした4次元時空の世界ですが、この4次元時空にさらにG（重力）の作用が加わって生み出される異次元時空を、持論ですが、5次元時空と位置付けています。

気によって創り出したG（重力）を4次元時空に加えると、今の常識や科学にない不思議とも言える異次元時空が出現します。

たとえば、武術のような生と死をかける時空は意識下の動きでは遅く、必然的に無意識領域下、宗教で言うところの深層意識下での攻防となります。

武術的な攻防において先を取られると、相手は「入られ」て身動きできず、かつ無力化されるのですが、その際にその無力化された人を後ろから抱き上げると容易に持ち上げられないほど重く

①攻撃しようとした瞬間、宇城氏に「入られ」、身体が固まり身動きができなくなる

②第三者が崩そうとしてもびくともしないほど強く、かつ逆に、掴んでくる人を投げるなども簡単にできる

なっています。すなわち体重は変わるはずがないのに重たくなるという現象です。この事実は重力、しかも通常の地球の重力以外の何らかのG（重力）が加わっているとしか考えられません。さらにその相手は無力化されているにもかかわらず、第三者に横から押されてもびくともしません。

ふつうであれば、入られた相手は、勝ち負けで言えば負けている状態ですが、さらにこの「負けている」はずの相手の手首を、別の第三者が掴むと、その人を簡単に投げることができます。このやり取りは、まさに江戸時代の新陰流の「活人剣」、すなわち「相手を制し、相手を活かす」の境地に重なります。

この一連の状況は気によって可能となるもので、まさに勝ち負けではなく、勝った者が相手を観念させ、かつ観念した相手をも守る。こういう今の常識にない境地を生み出していることや、4次元時空にある一定の重力からさらなる重力を自在に創り出していることから、４次元を超えた別次元の世界として５次元時空と位置付けています。

『ワープする宇宙』（ＮＨＫ出版）で５次元の世界に関する理論を展開して注目されたリサ・ランドール博士（ハーバード大学教授　１９６２年〜）は、「目に見ることも感じることもできない５次元世界の存在を確かめられる唯一の方法は重力を通じてであろう」と述べています。

つまり地球と同じように時空を時間（ｔ）と空間（ｘｙｚ）とする４つの次元を持った世界は他にもあって、私たちの住む太陽系にある地球と同様、それらはさらに大きな５次元の世界に包まれていて、その５次元の世界と往来ができる唯一のエネルギーが重力だとしています。そしてその５次元の世界は私たちの見方、考え方によって変わるとも言っています。

私の場合の５次元は、リサ・ランドール博士の言う大宇宙の時空の相似形とも言える小宇宙の時空と言えると思います。すなわちｘｙｚ［空間］＋ｔ［時間］の４次元に、Ｇ［重力］を足すというもので、その実態を実際に捉えることができていることから、いわば「４次元に存在する異次元時空」すなわち５次元時空と表現しています。

必死の力

また異次元における重力の作用は身近なところでも経験するところです。よく火事場の馬鹿力などと言いますが、人間が危機的な状況に置かれると、必死になってとんでもないエネルギーを発することが分かっています。

たとえば、10人が縦に並び前の人の肩をしっかり掴んだ一列を第三者が前から押しても容易に押せません〔A①〕。また列の一番前の人が自分から後ろに下がろうとしても下がれません〔A②〕。しかし、その列に第三者が刃物を向けると、一番前の人は、思わず後ずさり、そのまま自

〔A〕筋力の力

①押されても10人は崩れない

②先頭者が自分で下がろうとしても下がれない

〔B〕必死の力

①刃物を向けられると…
先頭者が後ずさり、列は崩れていく

〔C〕気の力

①刃物の柄を向け気を通すと…

②列は崩れていく

分を支えていた9人も一緒に後ろへ動かしてしまいます〔B①〕。この力はどこから出てくるのか。いくら気合を入れて頑張っても動かせないのにまさに不思議です。しかし先ほどの刃物を今度は鞘に入れた状態で向けられると、崩れません。

このことは心のあり方と身体のあり方がいかに密接に関係しているかを示しています。すなわち、人間は、身の危険を感じると、自らを守るために9人を押し下げる程の「必死の力」が自然に働くということです。

一方頭でいくら怖いと思っても「必死の力」は出ません。この事実は、頭（脳）より身体先にありき、すなわち細胞先にありきということの証であり、また人間にはもともとそういった能力が備わっていて、危機的な状況ではきちんとその力が発揮されることを証明しています。それはいかなる状況下にあっても生き残る上で必要な能力であり、まさにこの「必死の力」の実証は「必死の力」が退化したわけではなく眠っているだけであることを示しています。こうした能力を目覚めさせて日常に活かしていくことは大事なことだと思います。

またこの検証では刃物を向けて危機的状況をつくりましたが、刃物の柄を向けても、あるいは刃物を持たなくても、「気」によって列を同じように下がらせることができます〔C①②〕。その力こそ、武術の究極、相手を観念させる「戦わずして勝つ」につながるあり方です。

「必死の力」は昔から言われている火事場の馬鹿力のようにいつでも出せるわけではありません。しかし、私が実践しているこの「気の力」は「必死の力」とは違い、いつでも自由自在に使うことができます。

気は相手を制し、かつ守る

さらにこの「気の力」には次のような要素があります。

〔A①〕のように筋力で押されても列は簡単には押されません。しかしこの時、列が横から押されると、たちまち崩されてしまいます〔D①〕。これは、列が前から押す力に押されまいとして、そこに対立が起きるので、かえって列が弱くなり、横から簡単に押されてしまうからです。

〔D〕気は相手を制し相手を守る

①力で押した時、横から押すと列は崩れる

②刃物が近づき先頭者が下がる時、横から押すと列は弱い

③宇城氏が刃物を向け気で入ると、列は後ろへ下がるが、横から押してもびくともしないほど強い

次に、〔B①〕のように刃物を突き付けると、列は後ろに後ずさり押されていきますが、この時横から押されると崩れます〔D②〕。今度は私が刃物を持って同じことをすると、横から押されてもまったく動かないほど列が強くなります〔D③〕。

〔D①〕は論外として、〔D②〕〔D③〕の違いは、刃物を突き付けられて「怯えて出る必死の力」と、気で入られ「守られるなかで出る力」の違いです。これが実証によって解き明かされる、今の常識では考えられない、奥深い「気の力」です。

今私が示した気による力は一方で、調和力とも言えるものです。すなわち調和は融合を生み出します。すなわち境界がないということです。境界がないということは溶け込んで一体になっているということです。それは無限の広がりを持った時空の中で一つになる力です。

戦わずして勝つの根源

江戸時代に上泉《かみいずみ》伊勢守《いせのかみ》信綱《のぶつな》によって開眼された新陰流には「活人剣」という「相手の先を取り、相手を封じ、相手を活かす」あり方があります。このように江戸時代にすでに相手を観念させる「戦わずして勝つ」という技が生み出されており、この時代の次元の高さが分かります。

また当時の資料を見るとすべてにおいて共通しているのが、「戦わずして勝つ」を可能にする根源が「真心」にあるとし、いかに心が重要かを説いているという点です。実際、上泉伊勢守信綱の新陰流や伊藤一刀斎《いっとうさい》の一刀流の文献を見ると、まさしく心の重要性が多く説かれています。

また小説ではありますが、津本陽や山岡荘八が描いている、新陰流の柳生石舟斎、柳生兵庫助なども、「気」や「心」の重要性を説いています。

また、上泉伊勢守による活人剣がどのように生み出されたか、上泉信綱の生涯を描いた小説『新陰流　上泉信綱』(中村晃著　勉誠出版)では次のように記されています。

「……さらに信綱は儒教の説く『仁』をこう解した。小なりとはいえ、信綱は領主だった。

――治国平天下の要ていは『仁』にある。これは人間における根本の道であり、人に対しては愛、自分に対しては人の定めに従って自分を押さえることが必要である。人は決して一人では生きて行けるものではない。相手を生かしてこそ、はじめて自分も生きて行けるものだ。この仁の心を持つ者のみが活人剣であり、他は邪剣である――

こうして信綱の活人剣はなった」

さらに信綱は活人剣の修行のあり方について、

「……活人剣も一体のもので、その心底が異なるだけである。これは修行の極地であるが、古来の剣聖もこれを教えることができず、ただ自得するしかない。学者はこれを文字や言葉によって捕えようとする。しかしこれは猿が水に映った月の影を捕えようとするのに等しい」

と語ったとしています。

まさに活人剣への修行の本質は、次の古歌に象徴されるように、頭でなく身体で学ぶ世界であり、身も心も透明にしてこそ、映るものであるのです。

「月は池に映るともなく、
　池は月を映そうとも思わぬ広沢の池」

こうした時代に比して競技的な風潮にある現在の武道は、そうした世界とは程遠いところにあり、メンタルトレーニングや身体強化トレーニングなど、心と身体を別々にする取り組みをしています。人間の潜在力を引き出すのであれば、本来の武術の次元に立ち返ることが必要ではないかと思います。

古来からの武術の言葉に、

「斬り結ぶ　太刀の下こそ地獄なれ
　一歩踏み行けば極楽なり」

という教えがあります。

まさにこれは、刃の下で「一歩踏み行けば」という活路を教えています。しかし、現実的には「一歩踏み行けない」、それはまさに心の恐れ故であり、この恐れの心を克服してこそ、一歩前に進むことができ活路が見出されるということを教えています。つまり「怖い」と心が怯えている間は相手に入れない。心が強くあるからこそ、相手に入り相手を制し、さらには自分も相手をも活かすことができるということです。

ではこの恐れをなくすには心を強くすればよいのでしょうか。たしかに「怖い」と怯えている間は相手に入れません。しかし、心を強くすると言っても、精神論的に心を鍛えても、入ることはできません。精神論では心は鍛えられないからです。しかしそこに「入る」という技術があれば、刃の下をくぐって入れるのです。入れるからこそ、そこに怖さはありません。しかし、その入る技術に欠かせないのが、また一方で心のあり方なのです。つまり調和を生み出す術技の根源には心のあり方が重要であるのです。相手に入ることができ相手を制することができ、自分も相手をも活かすことができるという境地に至るには、すなわち相手との関係ではなく、すべては自分自身にあるということです。

言葉を変えれば、武術の極意である「入る」という技術が先行すれば、逆に恐れは消え、一歩踏み行くことができるということです。まさに心と技が表裏一体であることを説いているとも言えます。これは現在にも充分あてはまることであり、堂々と一歩踏み込める自分に成長したいものです。

相手が打ち込もうとする瞬間に入る

江戸時代の剣聖・伊藤一刀斎の言葉に、

「身体は内なる気に応じて動き、
　気は心の向かう所に応ずる。
故に心変じれば気変じ、
　　気変じれば身体変ず」

という教えがあります。

これは人間の身体が、「気や心」という目に見えないものに連鎖していることを諭しています。実践してみればまさにその通りになります。現代の私たちの身体動作に比べその次元の高さが分かります。

私はこのような江戸時代の剣の極意「戦わずして勝つ」の次元にこそ、今まさに日本が世界に発信できる平和実現への鍵があると考えています。争いや戦争において生き残るための勝ちは、相手を殺すことになり、そこには相手国、またその家族や身内に悲しみや恨みを残してしまいます。そうかと言って負けでは死を意味し、生き残れず、かつ自国、また家族や身内を守れません。そういう状況から生み出された最良のあり方が、「先を取る」ことによって可能となる「戦わずして勝つ」の術技と悟りです。

何故ならば、「戦わずして勝つ」の術技は観念論ではなく、そこにはそれを可能にする「術技と心」の実態があるからです。さらに、武術の術技は「個としての小兵法」ではあっても、その境地に至る「心」は、大兵法に通ずるものであり、そのたしかな術技を伴った小兵法があるからこそ、一国の将も大兵法に活かすことができたということです。まさに戦国から江戸にかけての時代にそれを見ることができます。特に徳川家康が柳生石舟斎の無刀取りの心法と術技に感動し、その後石舟斎の息子、柳生宗矩を徳川家の指南役に指名したことがそのことを物語っています。

小兵法の事理一致と言うべき教えとして、

「剣は心なり。
心正しからざれば、剣又正しからず。
すべからく剣を学ばんと欲する者は、まず心より学べ」
（幕末の剣客　島田虎之助）

まさに、そういう人間のあるべき姿すなわち「心あり」に導くからこそ、真の平和も見えてくるのではないかと思います。

「戦わずして勝つ」とは、敵をつくらないということであり、人を愛するということであり、それには、理屈、精神論ではなく、その許容としての器量、度量が必要で、実際にその実力と自信がなければなりません。まさにこのあり方は世界平和への現実的な道だと言えます。平和への道はただ一つ「戦わずして勝つ」という裏付けのある「愛」です。それをもって外交を積極的にすることが、戦争への最大の抑止力になると思います。

コラム（3）——宇城憲治の生きざま

戦闘機乗りだった父に厳しく育てられた宇城氏は、幼い頃から嘘をついたり言い訳をしたり理屈をこねたりする世界とは無縁の教育を受けたと言います。その上で宇城氏は、空手と居合において二人の師を持ちました。

空手は沖縄に生まれた座波仁吉氏、居合は川崎武雄氏。二人の師に共通したのは、技に対する妥協のない厳しさでした。ただその厳しさは共通でも、教えが違ったと言います。川崎先生はその場で悪いところを容赦なく指摘する厳しさ、座波先生の場合は「これでいいですか」と尋ねれば、「それでいい」という答えが返ってくる。その裏には「自分で気づかない限りは何を言っても無駄」という厳しさがありました。

宇城氏は空手道五段の時に無双直伝英信流の居合を始めていますが、入門後わずか１週間で真剣を使い、２ヵ月後には大会で優勝したのを皮切りに、その後全国各地の試合で50回以上の優勝を成し遂げています。そこにも徹底した学びの姿勢があります。

試合会場では準備運動などをせず自分の出番まで正座。当然しびれます。しかし、そのしびれとの戦いは試合よりも「侍」としてのあり方を最優先させる自分との戦い。まさに金メダルより侍として勝つことの意味を自身に問うた戦いでした。同時にそれは、試合上だからこその葛藤であり、まさしく己の内面を克服するために与えられた最高の時間だったと言います。

そういった宇城氏の姿勢は武道だけでなく、日常、仕事、生き方にまでにつながっていきました。まさしく、それらの複合要因が相まって宇城氏が気に辿り着いたのであり、また、そのプロセスを活かした独自の「気づく、気づかせる」は氏の指導の根源をなし、かつベースであり、生きざまでもあります。

第四章

「気づく、気づかせる」の指導の根源「気」

生と死の世界の中で生き残ることを教えている江戸時代の武術の根源を解き、それを再現できれば今に活かすことができると宇城氏は言います。まさにその根源にある術技が「先《せん》」を取るであり、先を取るとは「間《ま》」すなわち時空を制すること、その時空を制するには「気」は絶対です。とくに気の文化を持つ日本人として、気を日常に活かし切ること、すなわち調和・融合のあり方、一人ひとりが寄り添う生き方を実現する、これが気の国・日本のあり方ではないかと思います。

「気」は、現在の矮小で姑息な虚構の時代にあって、まさしく、正々堂々とした生き方に活かせる術《すべ》だと氏は言います。

本来、人間に備わっているはずの内なるエネルギーを身体に眠らせてしまい、開花させられない状況下にある私たちに、生まれながらの潜在力に気によって気づかせ、引き出す指導を展開しているのが、宇城氏の道塾、空手実践塾、各種スポーツ指導、海外空手セミナーです。

その指導法とは、気による「やってみせる、やらせる」実践を通しての「気づく、気づかせる」というものです。本章ではその指導のあり方を紹介します。

宇城道塾での学びのプロセス

今の自分というのは、先天的な部分と後天的な部分の両方から成り立っています。本来私たちが持つ潜在力は先天的なものの中に、すなわち身体の個を形成している37兆個の細胞と細胞に内包されているDNAにあるわけですが、今の私たちはあまりに後天的なもの、すなわち知識や頭で得た情報に影響されており、そのことが先天的能力を引き出しづらくしています。

そこで私は「気」という方法を使って、その人の身体に内包されている潜在力を引き出し、今の常識では考えられないようなことを自ら体験してもらうことで、それが今の自分の能力と比していかに高い次元にあるかということと、またその潜在力を、自ら放棄してしまっているという現状に気づいてもらっています。

ここで言う体験とは「自分にとって不可能と思われることが一瞬にしてできる」という体験です。すなわち「実証先にありき」の体験です。この不可能を可能とする体験は、その人にとって初めての体験で未知の世界を体験した、すなわち知ったということになります。しかしそれは未知のことでなく、もともと身体に内在しているもので、眠らせていただけのことです。その眠らせてしまう要因の本質が、教育やその人が辿ってきた環境にあるということです。物質的な技術進化には著しいものがあっても、今の環境下にある諸々のあり方を変えない限り、人間が本来持っている人間力は退化していくと言えると思います。そこで、この人間力に目覚めるべく宇城塾の理念としているのが、まず自分が変わる、自分が変われば周りも変わるという一人革命のすすめです。ここに宇城塾の原点があります。

それは理論や理屈でなく、実体験を通して得られる潜在力の気づきであり発掘です。そうした気による体験は、自分という人間の中に「できる自分」と「できない自分」が同時に存在することに気づかせます。最初は疑心暗鬼でも、自分で体験することなので、否定しようがなく、だからこそ自分の中の「できる自分」と「できない自分」の一体どちらが本当なのかという自問自答が始まります。まさに変化への第一歩です。

たとえば1対5の腕相撲に勝つとか、女性や子どもが男性との腕相撲で勝つなど、通常では到底考えられないような実践です。自分では決してできるとは思わなかったことが「気」という方法によって一瞬にして「できる」体験は、はじめの頃は「不思議でしょうがない」という驚きですが、不可能が可能となる体験を繰り返すことによって、人間の可能性のすごさに感動し、変わっていきます。まさに潜在力への気づきであり、同時に潜在力を引き出す第一歩となり、自分自身の変化が始まります。

こうした実践を経ることで「できる自分」に目覚めた塾生からの感想文には、「できない自分」から脱却して、気が示す、より深さのある生き方に向かいたいとする思いが綴られています。知識の修得ではなく、身体を通しての学びであるからこそ、その人独自の気づきがあるのです。

赤ちゃんは這うことから立つこと、歩くこと、走ることを自然に覚え、同時に言葉も覚えて知恵がついていきますが、そういうプロセスは大人になっても同じはずです。自転車に乗れるようになったり、泳げるようになったりするのも、そういう延長上にあるものだからです。従ってこのような具体的な実体験を通しての変化はまさに自信となる一方で希望となり進化につながります。

このような人間に存在する潜在力を体験することで得る「絶対的自信」は、優劣や勝ち負けを競う相対的な勝ちで得られる自己中心的な「相対的自信」とは全く異なります。

調和力を根源にしている「絶対的自信」は、他を尊び尊重することにつながります。すなわち「絶対的自信」を持つことは、「他尊自信」という生き方にもつながるのです。自己を中心とした話題や、賛成・反対といった対立構図の議論は時間が止まりますが、自分の可能性を信じる、すなわち人間の可能性に気づくことができれば、自然とものの見方、考え方も変わっていき、さらに上の次元へ自分を持っていくことができるのです。

身体の呼吸

これまで数多くの幼児、小・中・高・大学生、一般、そしてあらゆるジャンルのアスリートやプロ選手などを指導して見えてきたことは、現在の教育や社会環境の仕組みが人間本来の潜在力に蓋をするあり方になっているということです。すなわち、本来は生命体として「統一体」である人間をわざわざ「部分体」化しているということです。その責任は大きいと言わざるを得ません。またそうした状況は、マスコミやメディアによってさらに助長されています。

人間は本来生命体として統一体でありますが、今のスポーツに見るようなトレーニング法は身体を部分体として捉えるものなので、部分的な向上はあっても、当然、部分体化しての身体には不具合が出てきます。それは、部分と部分のつながりが有機的でないことからくるもので、その一つが怪我です。またそれは様々な身体機能の劣化につながります。

生命体として統一体である人間本来のあり方は無限成長の可能性を秘めています。そう考えた時、今のスポーツが主体とする「筋力」は、年齢とともに衰えていくものであり、衰えれば当然パフォーマンスも落ちていきます。この現実は今のスポーツが年齢に対する答えを持ち得ていないということです。だから年齢のピークがあるわけです。それにもかかわらずスポーツや現代武道、さらに教育の現場において、「鍛えないと強くなれない」という考え方が「常識」とされてきました。そして、なんの抵抗もなく部分型トレーニングが受け入れられてきました。それは「筋力を主体とする部分の世界」しか知らないからです。

日本の職人や芸術や伝統の武術の世界に見る「一生修行、死ぬまで修行の世界」からすれば、「年齢にピークがあって当たり前」のスポーツの世界は矛盾であり、その事に多くの人は気づいていません。

当たり前と思われていることが実はそうではない実例として、呼吸があります。筋力を主体とするスポーツと、宇城式の細胞を主体とするあり方の大きな違いは、「身体の呼吸が通っているか、通っていないか」にあります。

― 変化・成長へ導く　宇城式プログラム ―

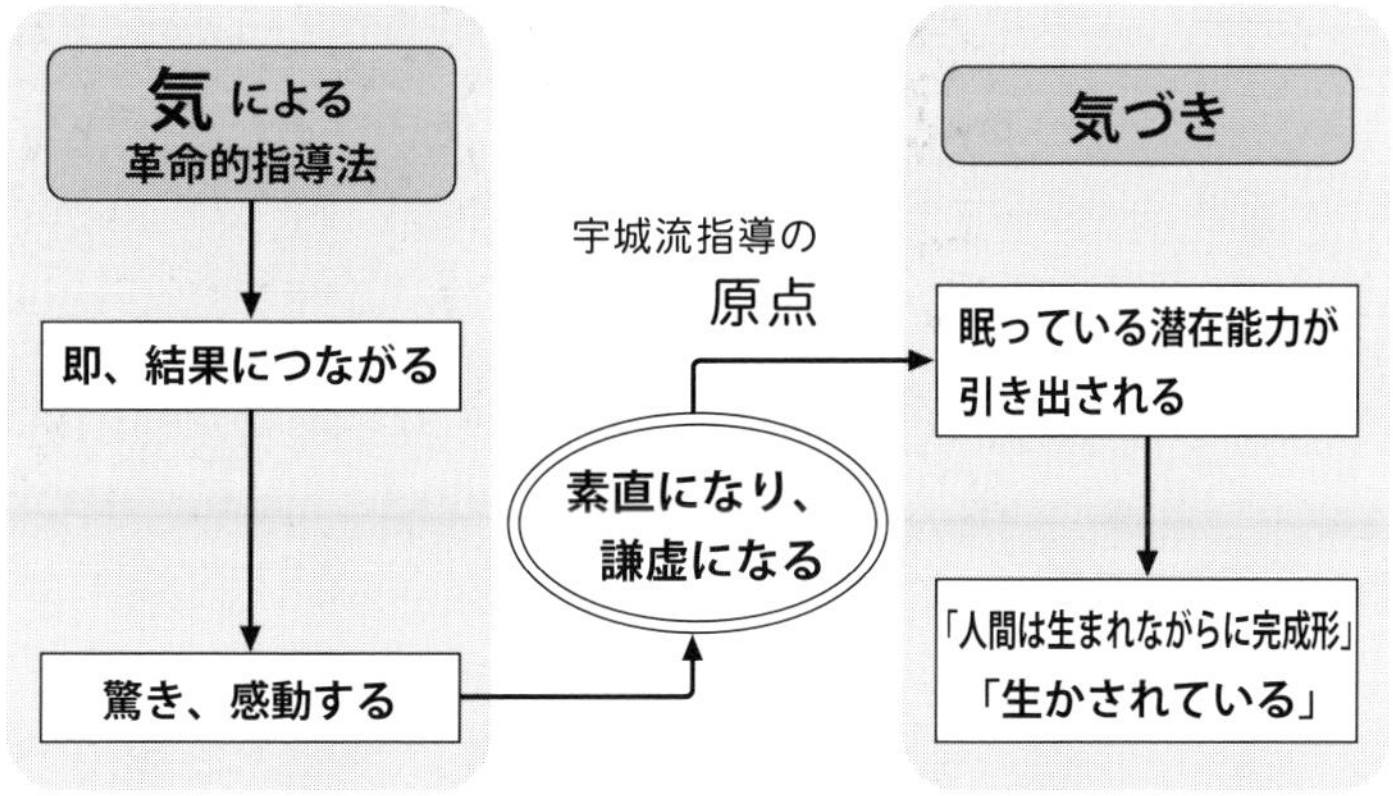

〈宇城塾の理念〉

生かされている存在としての自分、

すなわち身体の気づきを通して、人間として成長する。

知識によってつくられた横着な自分からの脱却。

そして何が一番大事なことかに気づくこと。

図 8.　宇城式プログラム

身体の呼吸とは、口で空気を吸ったり吐いたりする呼吸のことではなく、身体全体に気を流す呼吸のことを言います。多くのアスリートが何らかの形で膝や肘、腰を壊したり、不調となるのは、部分型のトレーニングそのものに、身体の呼吸を止める仕組みがあるからです。身体の呼吸が止まると各部位が枯枝のように硬くなってもろくなり、しなやかさがなくなります。それでは身体にかかる衝撃や力も吸収できなくなってしまいます。

たとえば陸上選手などに、タイヤを引っ張って負荷をかけて走るといったトレーニングが見受けられますが、このトレーニングの仕組みは「重たいものを引っ張るという負荷トレーニングによって筋肉を強化し、なおかつその負荷をはずした時に軽く感じられるという両面の効果を期待する」というあり方です。

野球選手が次打席バッターサークルで鉄の輪をはめたバットで素振りをするのもこれと同じです。鉄の輪を外した直後、バットが軽く感じられる結果、強く速く振ることができるという効果を期待しているわけです。こうした「外部的な負荷をかけて」というのは、ある意味身体と脳を一時的にだますやり方、あるいは錯覚させるやり方と言えます。それは「気合を入れろ！」などの精神主義も同じで、自分で自分を虐待しているようなところがあります。

これは生命体としてのあり方からすると理にかなっていません。

これに対し、統一体のあり方は、これらとは全く異なります。たとえば、両足をそれぞれ動かないように二人にしっかり押さえられると、通常ではほとんど両足を動かすことができませんが、統一体になれば、足を楽に上げて前に進むことができます。自分で統一体になれない人には、

①通常は、足を押さえられると身動きすることができない

②気をかけられると、一瞬にして足を上げ前進することができる

こちらから気をかけると、一瞬にしてできるようになります。

このように人間に備わっている力を利用すれば、現在のあり方に大きな飛躍があると思います。これは何もパフォーマンスや実力の向上に留まらず、人間に眠っている潜在力の発掘につながります。その潜在力にはさらに未知に対する進化も秘められているということです。

人間力の根源となる統一体の発信源は「心」にあります。すなわち、「心→細胞→(筋肉)→神経→脳」という流れになります。

一方現在のスポーツのような部分体においては、身体を動かすその命令源は、頭脳や反射神経です。すな

わち、

「脳↓神経↓筋肉」

という流れです。この仕組みでは、「心」が置き去りにされてしまうので、ややもすると非人間的な高揚状態につながったりします。また、ここで言う「心」は一般的な頭で考えたバーチャルな心ではありません。

現在、私が展開する

「心↓細胞の働き↓(筋肉)↓神経↓脳」

というルートにあって、身体の99％をコントロールするのは細胞で、脳の命令によるコントロールが1％もないということです。だからこそ常識ではあり得ないことが一瞬にして可能となるのです。

治療への複合プロジェクト提案

気による指導は、道塾やスポーツの指導現場だけでなく、医療現場においても実践してきました。私の空手の門下生が、頸椎に黄色ブドウ球菌が入り膿んでしまったため、頸椎の5、6番の一部を取り除き、腰の骨を移植、その際に避けて通れないこととして神経が傷つけられ、結果、首から下が全く動かない状況に陥り、回復については、「良くて車椅子」という宣告を受けました。その彼に私は手術後9日目から、10日おきに入院先に行き、次のようなステップで気の手当て

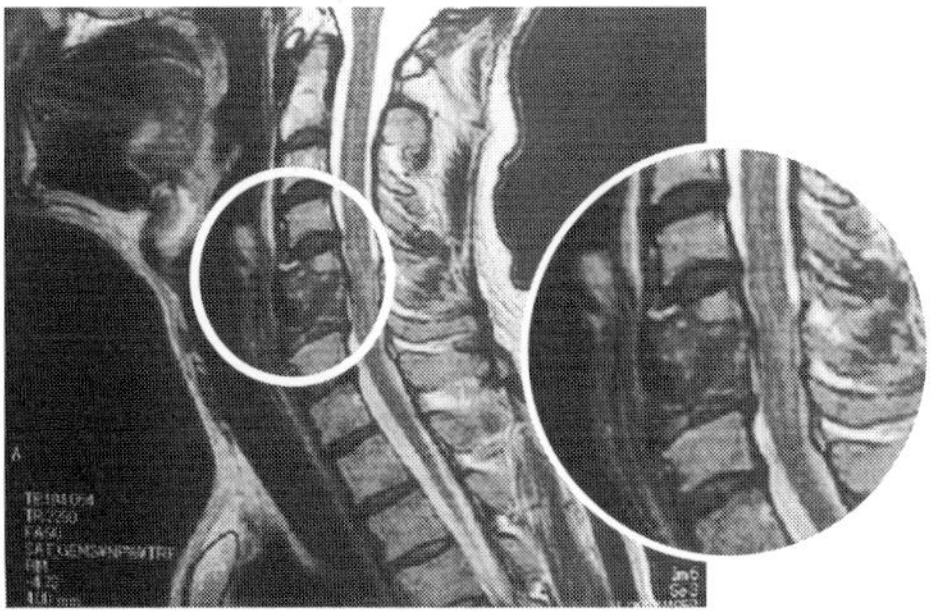

手術後２ヵ月の頸椎のＸ線写真。

手術のため右頸椎及び脊椎の神経に損傷が見られる。まだ移植した骨が従来の骨と同化しておらず、色が黒ずんでいる。

を行ないました。

それは、

「神経損傷で動かず固まった手足に気をかける。

↓

気は細胞に働きかけるので、その細胞が次に神経を刺激します。この時無感覚だった両手、両足をつまんだところ、「痛い」と手足を引っ込めました。

↓

このように無感覚で動かないはずの両手、両足が一瞬で動き、かつ痛みの感覚を取り戻す、その実態情報を記憶させていく」

というものです。

気は全体に及ぶので、身体の細胞も含めて動かないはずの手足が実際動いたという事実を細胞から脳へ、すなわち正常時とは逆のルートで、「新たな身体動作」として記憶させるというものです。

従来、人が身体を動かすプロセスは、頭（脳）の命令が神経を通して筋肉に伝わっていき、手足が動くというものですが、手術によって神経が傷つけられ頭から神経にいくはずの命令が遮断されてしまったA君の場合は、それでは身体が動かせません。

今の医学では、そのことは手術の結果として致し方ないこととされますが、気による治療は、まず細胞に働きかけるという従来にない方法によって、実際考えられないような回復を可能にしています。

そもそも人間は1ミリにも満たない受精卵から細胞分裂を繰り返し、目、鼻、耳、内臓などができ、神経や脳も同時にでき、そして10ヵ月後に完成形の赤ちゃんとなって生まれてきます。その成長の過程が、まさに「細胞先にありき」であり、「脳が先」ではありません。ですから私のやり方は、

「脳（命令）↓神経↓筋肉（手足）」という従来の方法とは異なる、

「細胞↓神経↓筋肉（手足）↓脳（動いたという記憶）」という方法です。つまり脳の命令が先ではなく身体の細胞に先に働きかけ、細胞ルートで動かす回路を新しく開発しているわけです。

それは、「自転車に乗れるようになる」時の記憶方法と似ています。つまり、自転車には乗り方の知識は必要ありません。役立たないからです。身体を通して、こけながら身体で覚えていく、その乗れた過程の先に、自転車に乗れる瞬間があり、その時点で「乗れる」という「脳」ができるわけです。私はこの自転車に乗れるという脳を、「頭脳」に対して「身体脳」と位置付けています。その記憶は生涯失われることはありません。

私の気による治療は、病院のリハビリとは方法が全く異なるので、本人には従来の「頭の命令」と、気による「細胞の働き」の違い、すなわち頭の命令では動かすことができないのに、気による方法だと動かすことができるという違いを体験させながら、その理解を深めさせていきました。なぜその理解力が必要かと言うと、従来の考えに戻ってしまうと、また部分体的なリハビリ的治療になり、後戻りするからです。

これはよく道塾や実践塾で検証するのですが、今、膝の上に自分の手を置き、そこから手を上に上げるのは誰でも簡単にできますが、その手を別な人が上から押さえ負荷をかけると、上げることができなくなります。それは頭の命令で動かそうとする筋力が、相手と衝突するからです。しかし気を通すと楽に持ち上げることができます。それは気によって細胞に切り替わり、細胞と筋肉の持つ時間差によって対立が消え、相手に押さえられている手を簡単に上げることができるからです。

これは言葉では矛盾するような世界ですが、ここが重要な点です。気で制された人は身体が統一体になっているので、一見やられたようでも、身体の持つ時系列、すなわち筋肉の時間0・5秒以上、神経の時間千分の1秒、そして細胞の時間は百万分の1秒、そのスピードの違いによる時間差で衝突が消え、手が上がるのです。身体に気を取り込んだ統一体は、他の人にがっちり掴まれてもその人を倒す力があるという実証と同じです。これは道塾、空手塾などで多くの塾生が体験している、「頭の命令」によるか「細胞の命令」によるかの身体の働きの違いです。

これと同じことを、麻痺したA君の足の治療で行ないました。頭の命令では足を動かせない状態になっているA君に、気によって細胞に働きかけると、身体が頭の命令から細胞の働きに切り替わり、左右の麻痺した足を見事に上げることができました。この力は筋力的な力ではないことは明らかです。

このような細胞に働きかける治療を行なった結果、A君は発症から7ヵ月後に職場復帰し、そしてその後間もなく空手にも復帰するほどに回復しました。

この方法は、気によって細胞を活性化し身体を動かすルートを新たにつくり、そのルートを逆に脳に記憶させるというものです。また、この方法は、距離に関係なく遠隔による手当も可能です。実際に海外から日本や、逆に日本から海外の人へフェイスタイムやズームを利用して遠隔手当てを行なってきましたが、効果は直接やる場合と全く同じです。それは時空を超えて気というエネルギーが伝わっていることの証でもあります。

障がい者であっても健常者であっても、こうした気による不可能が可能となる実例は、人間には、もともとそうした潜在力がある、ということの何よりの証であると言えます。私が展開する宇城塾の指導の目的はここにあります。すなわち、「誰にも存在するこの潜在力を『気』によって引き出し」活力を与え、自信を与えるというものです。何よりも未知の世界がすでに自分自身の中に眠っているわけですから、多くの人にとってわくわくする事実であることは間違いありません。

学習された不使用

ノーマン・ドイジ氏著『脳は奇跡を起こす』によると、脳卒中などで脳の運動野が損傷を受けて手足が思うように動かなくなると、そのことで逆に「動かない」ことを身体が学習してしまう「学習された不使用」という弊害があるそうです。一方気による治療は、本人が動かないと思っていたまさにその手足を動かすという治療なので、本人にとっては大きな希望となり、不使用を学習するという弊害からも守ることにつながっています。

またこの［細胞↓神経↓筋肉↓脳］というあり方は、障がい者、健常者を問わず、今ある常識では考えられないことを可能にする身体機能の開発であり、これまでのトレーニング法や医療のリハビリ療法からの大きな飛躍にもつながります。

ただ、健常者について言えば、人間本来の身体機能が発揮できていなくても通常の生活ができているので、自分自身が部分体で動いていることの課題に気づけないという弊害があります。部分体のままの今がベストという、ある意味「学習された不使用」と言えるのではないかと思います。本来あるべき統一体と比較すると、自分の身体機能を発揮できなくしているわけですから。科学的という名のもとの要素還元主義を主体とした常識というマインドコントロールから脱し、本来の人間力を取り戻す方向に向かわなくてはなりません。

「できた」を引きずってはならない

何かが「できた」時、それには二通りあると考えています。一つは、一回できたのに二回目にやるとできなくなるというもの。それはなぜでしょうか。それは、その「できたこと」を「脳（意識）」で記憶してしまうからです。ですから「できた！」となった瞬間、それが頭に記憶されるだけで身体に刻まれません。スポーツや受験勉強がこれにあたります。

もう一つは、自転車に乗れるようになる瞬間です。これは、頭の学びの「できた」とは違います。なぜなら、乗れたら、その後一生ずっと乗れるからです。「過去にできていました」というように「過去形」にはなりません。それが身体を通しての「できた」であり、「身に付く」ということです。

空手において、子どもと大人の稽古の様子を見ていると、大人はなかなか指導したことを身体に刻むことができませんが、子どもはこちらがやって見せると、すぐにそれを真似て、そのままできるようになります。

それは、身体というのは、勝手に「今」に合わせて変化していくもので、そうしないと生き残れないことを知っているからです。つまり自分に最適な状況を「映す」ことを知っている。だから何かを学ぶ時は身体に任せたらよいのです。それを頭で教えるから身体の学びが止まってしまうのです。ですから子どもでも、言葉や理屈で教えると、大人同様に上達していきません。

大事なことは何事も身体に刻み込んでいくということです。

コラム（4）――根幹の指導

宇城氏は、これまでスポーツではプロ・アマ問わず、サッカー、野球、アメフト、ラグビー、水泳、テニス、スキー、ゴルフ、武道では、空手（フルコン系、寸止め系）、柔道、合気道、剣道、芸術関係では、画家、書家、バイオリニスト、声楽家などを指導をしてきました。なぜ空手家なのに、全く異なるジャンルの世界を指導できるのか。これまで多くの人が投げかけてきた疑問ですが、それは宇城氏がカテゴリーに分かれた各分野での指導ではなく、人間が力を発揮できる元の部分、手で言えば、それぞれの指ではなくその基の手の平の部分の指導に徹してきたからだと言えます。

また空手においては、流儀会派に関係なく、あらゆるフルコン系のチャンピオンクラスを始め、格闘技界の現役トップとの組手を通して、その実力を示してきました。まさにそれは年齢差、体重差、身長差による違いを乗り越えることができることの実証です。そこには理論、理屈ではなく、すべて自らやって見せ、実践するなかで実証していく宇城氏の徹底した実践と理論があります。

第五章

調和・融合の根源「気」

宇城氏の気は、宇宙時間・空間とつながりながら、その時空の中ですべてと調和・融合を可とする気のエネルギーを自由自在に取り込み、取り込んだその気によって本来あるはずの人間の潜在力を引き出します。潜在力の気づきは現状から脱却する勇気だけでなく、大いなる未来への希望と進化を与えるものです。

宇城氏はこのように「気」による潜在力の発掘によって多くの人に勇気と自信を与えながら、さらなる「気」の追究を続けています。その進化は加速する一方ですが、裏を返せばそれだけ人間にはまだまだ未知の世界があることを示していると言えます。

宇城氏の気の世界は、一般に言われている武術の気や気功の気などといった範疇に収まるものではなく、いわばマクロ宇宙のブラックホール現象を、ミクロ版の相似形として実現している世界とも言えます。

本章では、そういった事象の紹介とともに、現在宇城氏がその気をどう未来に活かそうとしているのか、その展開される最新の実証事例の一端を紹介するとともに、その展開が示すこれからの可能性について紹介していきます。

質量を変化させる気

植物は太陽の下《もと》、光合成によってCO_2を取り込みこの地球上でなくてはならないO_2を出していますが、人間も同じで、宇宙からのエネルギーをもらうことでこの地球上に存在し、人間としての本来の力を発揮できるのです。その力を「気」は引き出し教えてくれます。量子物理学の理論に照らし合わせると、その発揮のカギとなるのが重力と時間です。

アインシュタインが１９０５年に特殊相対性理論を発表しそこから導き出された物理学の式$E=mc^2$は有名ですが、この式は「ほんのわずかな物質にも膨大なエネルギーが秘められている」ことを意味していると言います。

それはたとえば、水素原子（H）２個と、酸素原子（O）１個が合体すると水（H_2O）となりますが、もし分子のような小さいものの質量を計り得る機器があるとすれば、合体前の原子の重さと、合体して水となった時の分子の重さを比べると、水分子のほうが若干軽くなっています。それは水が生成される時に熱が放出されるからです。それは物質からのエネルギーであり、$E=mc^2$の式の通り、m（質量）はまたエネルギーでもあるということです。

一方でこの$E=mc^2$の方程式はいわゆる原子爆弾の原理でもあり、広島や長崎に落とされた原子爆弾は何十万人もの犠牲者を現実に出していますが、わずかな質量の変化が莫大なエネルギーを生むことを示しています。

気を通す → 瞬時に重くなる

通常は持ち上がる

次の事例は気という目に見えないエネルギーを目に見える形にしている実証例ですが、アインシュタインの方程式$E=mc^2$に照らし合わせてみると、非常に興味深い点が浮かび上がります。

たとえばここに体重60kgの人がいるとします。体重計に乗れば針は60kgをさしています。この時、その人を後ろから持ち上げると、簡単に持ち上がります。それがその人の重さということです。そこで、その人に気を通し先ほどと同じように後ろから持ち上げようとすると、今度は持ち上がりません。しかし体重計の数値は60kgのまま変わりません。今の常識からすると不思議ですが、では、この重さはどこからくるのでしょう。$E=mc^2$の理論を借りると、これはｍ（質量）が「気」によってエネルギーに変化したことを意味します。

つまり気が身体や時空に働きかけることで、そこに起こるエネルギー変換を通してそれらの事象が起こると考えられます。

またこのエネルギー変換はただ重くなるだけではなく、強くもなります。それはその重くなった人の手などを別の人が掴むと、通常はビクともしないのに簡単に投げることができます。さらに投げられた人にもエネルギーが注入され、その投げられた人をまた別の人ががっちり掴んでも簡単に投げられます。これはずっと続いていきます。この連鎖は、そこに「どちらが強い」という比較がなくなる、すなわち比較の必要のない世界が存在することを示しているのです。つまり気は、優劣のない次元があることをまた一方で教えてくれているのです。

この実証事実一つを捉えてみても、気の現実は現社会に大きな進展の可能性を示唆しています。優劣や勝ち負けの次元より高い次元があることへの気づきは、現在ある多くの課題や矛盾に対する解答や、より良い世界に向かう希望につながっていきます。そういう事と照らし合わせると、アインシュタインのＥ＝ｍｃ^{2}が俗に「愛の爆弾」と言われていることはまさに核心を突いているのではないかと思います。

これは気によって「重くなる」の事象ですが、実は逆に軽くすることもできます。しかしその「軽さ」とは体重の軽さではなく、鳥が空に羽ばたく時の状態、すなわち時空と調和する状態と似ていて、従ってその人が軽くなって持ち上げられても、持ち上げた人を逆に下へ崩す強さが発揮されます。すなわち体重計が言う重さ・軽さではなく、エネルギーのあるなしの違いが示されているのです。

マクロとミクロのブラックホール

気を通すと、その場にいる人や物などに様々なエネルギー変換が直接起こります。それは気を通された人や物が重くなったり強くなったりする事象だけではなく、その場の周りの時空にも変化が起こることも実証しています。

アインシュタインの一般相対性理論によれば、「質量を持つ物体があると、その場所の時空が歪むと考えられる」とされています。またこの理論から、「質量が大きくなり密度が高まると、さらにこの時空の歪みが大きくなって、重力が無限に大きくなる」としています。これがいわゆるブラックホールの仕組みではないかとされています。

一般にブラックホールでは非常に重力が強いので、時間の流れがゆっくりとなり、そこに存在するものの動きは非常にゆっくりか、止まって見えるとされています。さらにそこから外側の時間は速くなっているようにも見えるとされています。

こうしたブラックホールで起こると予測される現象は、現在私が実証している、気によるコントロールで起きる事象から見ると、非常に興味深い点が多々あります。

たとえば宇城空手の真髄は「気とゼロ化」にあり、組手などではそのゼロ化によって相手を無力化して相手を制するのですが、その方法には二つあり、

（Ⅰ）相手に対し幾何学的に調和をとって相手を制する。

（Ⅱ）その場の時空を変化させて相手を制する。

このⅡにおける時空の変化が、ブラックホールで言うところの、重力による変化とよく似ていると考えています。

たとえば、写真のように十数人でスクラムを組んで、私に向かって突進してくるような場合、普通であれば簡単に吹き飛ばされてしまいますが、私の場合、そのスクラムの動きを直前で止めることができます。

あるいは、その突進してくるスクラムの進行方向を自在に変化させることができます。

①十数人が突進してくるところを気で止める　②③気によって左に回転

（6頁参照）

さらに、組手やスクラムを制する際に、その周りにいる人間も同時にその波動に巻き込ませて動かすといったことも実証しています。それは組手やスクラムを制した瞬間、その周りで見ていた人たちも同じ方向へ同時に回り出すなどです。

新しい宇宙の創造と気

ブラックホールの研究をしているインディアナ大学の理論物理学者ニコデム・ポプラウスキー氏は、ブラックホールに物質が吸い込まれていき密度が高まると、それが跳ね返り、跳ね返るがブラックホールの外に出ることはできないので、まったく新しい物質がそこに作られる、すなわち新しい宇宙が出現する、という仮説を立て、そのイメージを表わす実験として、二つの上下つなぎあわせたペットボトルを使い、一つは我々の宇宙で、もう一つが新しい宇宙とし、ワームホールを通って別の宇宙にいく時に物質に何が起きているかを見せる実験を行ないました。

　実験では、上のペットボトルから下のペットボトルへ水が渦を巻きながら流れ落ちていく様子を、ブラックホールに吸い込まれた物質が、くるくる回転しながら新しい宇宙に噴出している様子に見立てていました。仮説では、ブラックホールから生まれた宇

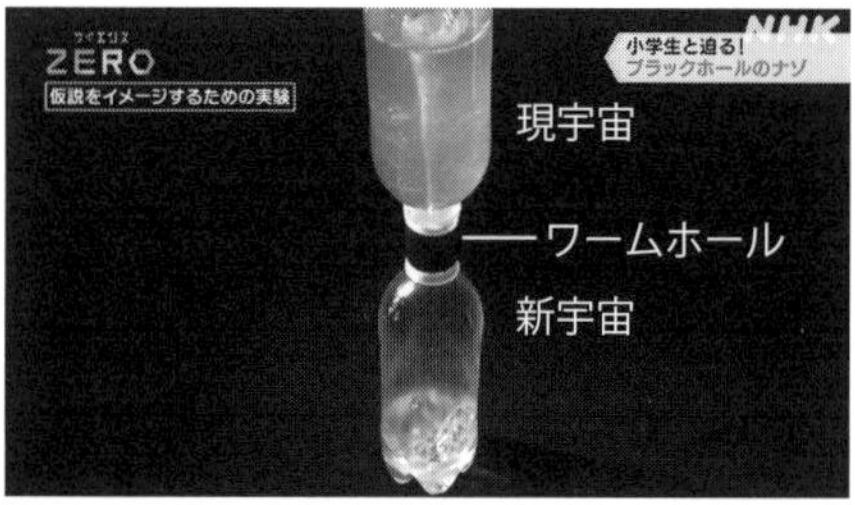

参考動画
NHK「サイエンスZERO　ブラックホール博士が疑問に徹底回答」より（Youtube）

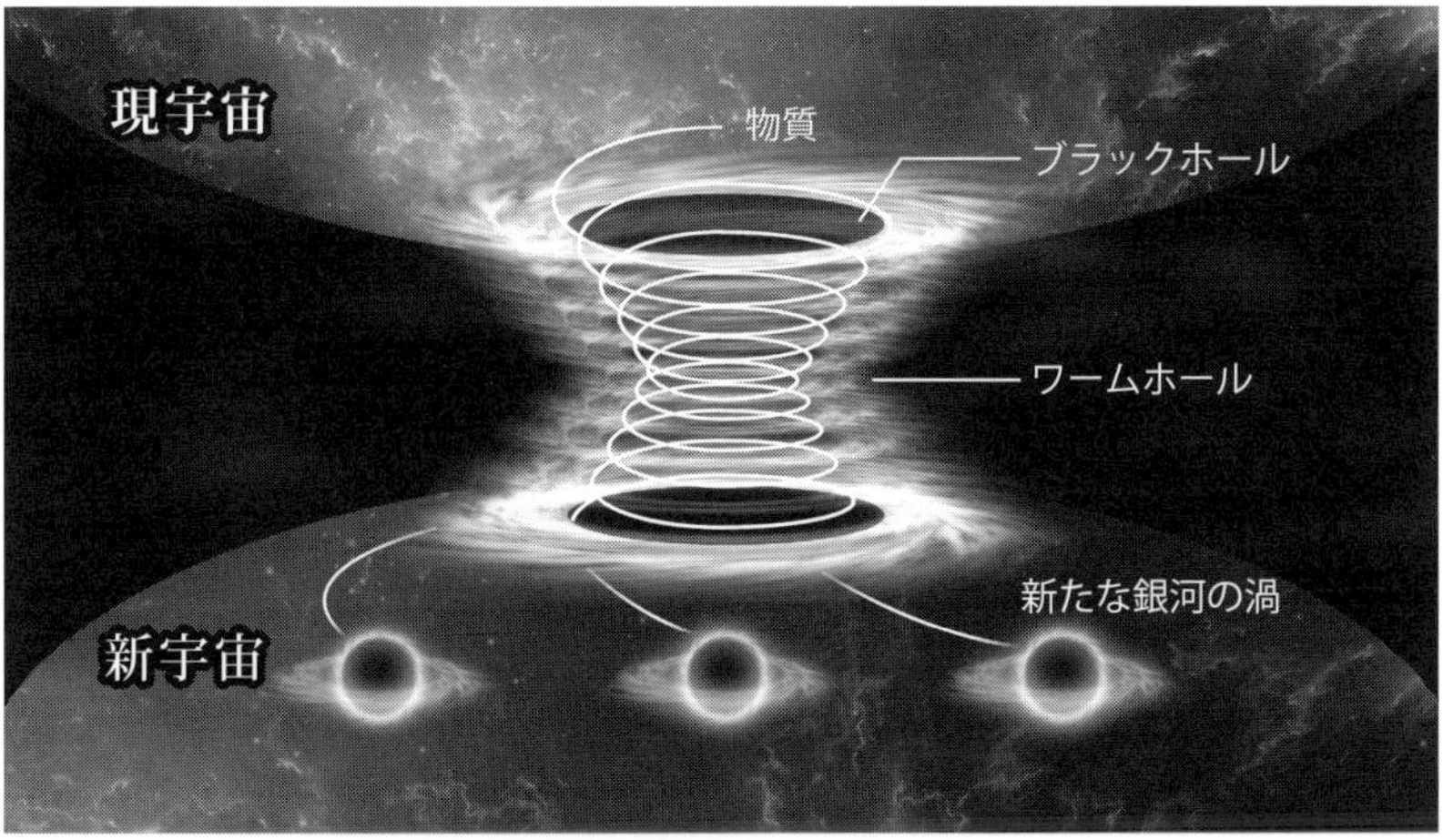

図９．新しい宇宙を生み出すブラックホール

宙にはブラックホールの回転が引き継がれていて、それが新しい宇宙では銀河のくずとなって現われているのではないかという内容です。

空手実践塾や道塾における気のエネルギーの検証の一つにおいて、まさにこれと同じ現象がミクロ版として起こることを実証しています。

たとえば、組手やスクラム崩しにおいては、その対象相手だけでなく、その対象者以外の周りにも気が伝わり、そこにいる人たちも次第に動かされていきます。その動きは次第に加速して、自分たちでは止まれない勢いとなり、さらに回転しながらワームホールを通過し、あたかも銀河がそれぞれに飛び散って新しい宇宙を作るような形で散らばっていきます。

この現象は、ニコデム・ポプラウスキー氏が提唱している現象をマクロ版のブラックホールとすれば、まさにミクロ版のブラックホールとも言えます。

その証拠に、回転したそれぞれの人間には桁違いなエネルギーが取り込まれ、複数の人間がその人たちに次々に掛かっていっても、それらを簡単に制し、投げ飛ばすことができるのです。

さらに注目すべきは、その掛かっていって投げ飛ばされた人間がまた別の人間を投げ飛ばすことができるというように、優劣のないエネルギーがどんどん連鎖していきます。

それはまさに、ブラックホールのワームホールを通過して新しい宇宙を生み出し、連鎖しながら次々に小宇宙をつくっている事象に似ているのではないかと思っています。

実際にこの組手やスクラムの検証を体験した人は、「ブラックホールに近づくと時間が遅くなり周りの時間が逆に速くなる、というのは、まさに宇城先生の技を受けている時の自分の体感です。宇城先生に入られると、ゼロ化されて動けなくなりますが、同時にエネルギーが満たされた感じがして、実際に他の人に攻撃されても自由に対応ができました」などと語っています。

自分を攻撃してきた相手をただ倒してしまうのではなく、相手を制しながら相手を観念させかつ、相手にもそのエネルギーを与えているという究極、戦わずして勝つ。まさに、ここに気のエネルギーの本質があります。

それは実社会においては、自分のエネルギーが高まれば、周りに影響を与えることができる、すなわち私がモットーとしている、自分が変われば周りが変わるという、「一人革命」を表わしていると言えます。

今の中に存在している未来

気を使った指導を通して確信できたことは、気による事象が今ある課題を浮き彫りにすると同時に、その解決への本質を導き出しているということ、すなわち今の中に未来が存在し未来から今を見ることができ、今すべきことの確信が持て、迷いがなくなるということです。今何をすべきかに気づかせるエネルギーはまさに今の時間の密度を高め行動を加速させ、その勇気ともなっているということです。

「気」とは目に見えず触れることもできないので、「これが気のなせる事象だ」と言っても、今の常識や科学からすれば、どうしても疑心暗鬼になります。その疑心暗鬼を払拭する手段として、気のエネルギー変換によって起こるいろいろな事象を目に見える形にすること、また自ら体験してもらうことによって誰もが納得できるようにするということを私は大事にしています。

気がいかに私たちにとって重要な存在であるかを理解するには、この「実証という方法」は大きな意味と価値があります。気による指導とは、その変換エネルギーを「見える形にする技術」であり、それを通じて「今の課題や矛盾に気づかせるとともに、今の常識や科学にない世界、すなわち未知の世界の存在に気づかせる技術」であると言えます。

「今の中に未来が存在する」とは113頁のような検証でも理解できるのではないかと思います。今、私が行なっている気による気づかせる指導技術とは、ある意味、製品開発の世界で行なわれる加速試験の状況と似ています。製品を作る時の加速試験とは、その製品の寿命、すなわちどれだけもつかを調べるために、理論寿命に加え、意図的に負荷をかけてあえて過酷な条件下に置き、製品寿命と耐久性を検証するというものです。

たとえば屋根瓦の場合、瓦が30年もつかどうかを30年かけて判断していては商品化ができません。そこで現時点において短期間でその耐久性と寿命を調べ検証する必要があり、それが加速試験です。時間を加速させるためによく使われるストレス要因には、温度を上げる、圧力を上げるなどがありますが、そのような過酷な状況下で加速させることで、30年後の、すなわち未来の状態を今、予測する、つまり何年、何十年先にある状態を今の時点で加速して検証するわけです。

人間の場合はこの逆の加速試験になります。すなわち何年か先に「こうありたい」というところに向かって進化させるというものです。その未来の姿がすでに今の中にあるということ、すなわちその可能性を瞬時に体験させることができるのが気のエネルギーです。つまり気のエネルギーによって、未来に起こるべきことを今に実現し、その事によって今なすべきことの本質が何であるかに気づかせるというものです。

日本の伝統の座り方に「正座」、「胡坐《あぐら》」があります。一方、小中高で見られる「体育座り」がありますが、これは1960年以降、文科省によって制定されたものですが、これらの座り方が身体にどう影響するかについて簡単に紹介します（『心と体　つよい子に育てる躾』拙著参照）。

まず一人が「正座」します。もう一人がその座っている人を後ろから押したり、横から押したりしてみます。ほとんどぐらつきません。正座のかわりに「胡坐」で同じ検証をしても結果

胡坐をかいている状態で上から押さえられても、気が通っていれば自由にできる

は正座と同じで身体は強いです。今度は、「体育座り」をして、同じように後ろからと横からと押してみます。すると正座や胡坐と違ってすぐにぐらついてしまいます。座り方ひとつで身体の強さにこれだけ差があるということです。正座と胡坐は昔から行なわれてきた日本伝統の正式な座り方です。

この座り方からくる差を踏まえた上で、今度は以下の検証をしてみます。

①胡坐をしている人の両肩を上から押さえます。
②押さえられた人は、苦しい。
③押さえられた人に「気」を通すと、平気になり、かつそのまま足を前に出すなど自由になる。
④しかし、体育座りの体勢に変えると、気が消え苦しくなる。

⑤また、体勢を胡坐に戻すと、また気が戻って自由になる。

これは「気」が身体にいかに影響を与えるかの検証ですが、ふつうに胡坐をかいている状態では、今から先の状況に気づくことができませんが、上から両肩を押さえられるという、加速試験としての「負荷」がかかった場合、身体に気が通った状態では平気でも（③）、気のない状態で自由が利かない（②）ということを瞬時に自覚できます。

しかしこの時胡坐から「体育座り」に変えると、とたんに身体に通されていた気の流れが止まり、弱くなり居付いてしまいます（④）。

先ほど気は今の中に未来を実現することができると述べましたが、この検証を通して気づいてもらいたいことは、座った人の肩を押さえる、すなわち負荷をかけて加速実験を今することで、身体に気が通っている状態と、そうでない状態とでは、すなわち「胡坐」には気が通るが、「体育座り」では、気が通らない。つまり座り方の違いによって未来にどれだけの差があるかということを予測しているのです。

上記の検証では、「気の抜けた」身体で負荷がかかると、そのまま苦しみ続けて将来身動きがとれなくなる恐れがあること。逆に気が通った身体をつくっておけば、将来負荷が訪れても、対処できるということを教えているわけです。

また、この検証は「気」の大切さの検証であると同時に、「体育座り」という、現在、日本全国の小中学校で行なわれている座り方がもたらす重大な課題をも浮き彫りにしています。

『思想する「からだ」』の著者の竹内敏晴氏によると、この体育座りは1958年頃から文部省によって取り入れられ、ここ60年の間に急速に日本に広まった座り方で、それ以前の子どもたちは一切経験していない姿勢だと言います。この座り方が導入された理由は、子どもたちに教師の話に集中させるためと言われています。

私の場合は、体育座りをするとどうなるかを具体的に示しています。すなわち、常に「実証先にありき」の実践なので、体育座りが日本古来の正座や胡坐に対して気の抜けた座り方であり、その気の抜けた形、姿勢がその後のあり方にいかに影響を与えるか、火を見るより明らかな事実を示しているのです。

体育座りの時に横や後ろから押したりすると弱かったという検証で示したように、この姿勢は明らかに子どもたちの気の流れを止め身体を弱くしています。気が切れるということは集中力が切れるということであり、集中させるどころか、身体の集中を阻害していると言えるのです。

このようなことは、普段は気づけなくても、「加速試験」を行なうことで分かってきます。何もない状態では一見不自由なく動けるので、その弊害に気づけなくても、「加速」することで、この先の未来、10年後、20年後の状態が予測できる。すなわち気のない状態の身体のままであったり、間違った姿勢や形を常としていると、何か負荷がかかった時に、本来できるはずの自由が奪われてしまう可能性があるということを教えているのです。

肩を組む２人が仲良くすると → **強い**

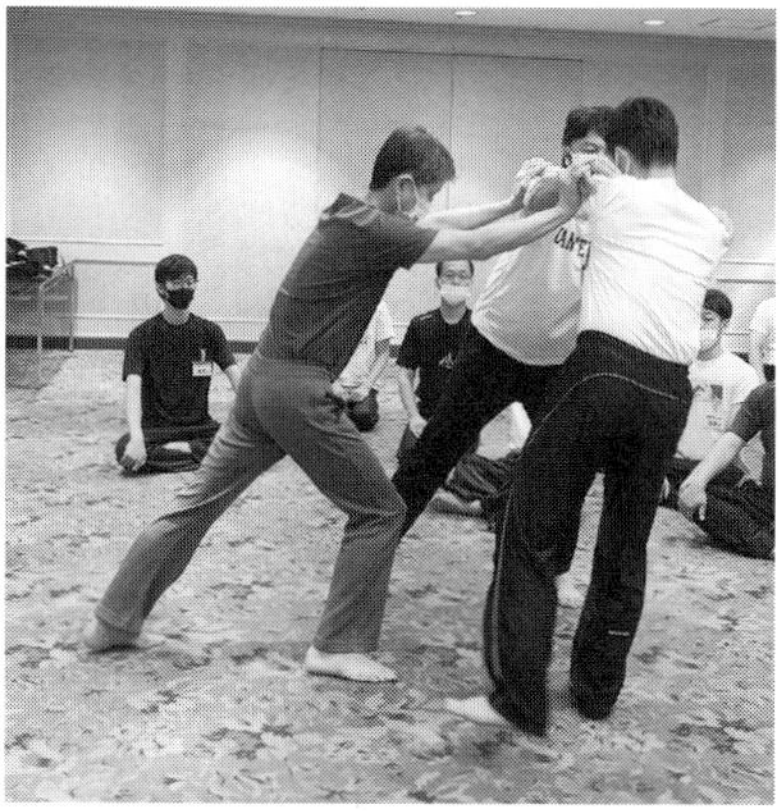
２人がいがみ合うと → **弱い**

気が創り出す次元

何事においても対立した状態では平行線を辿るだけでいつまで経っても解決に至りません。対立が並行した状態は結果として両者にとって進展がなくマイナスになるからです。

その事を次の実践事例で示します。今二人がお互いに向き合って肩を組み、心の中でいがみ合って対立します。その二人を横から押すと、簡単に崩されてしまいます。これは対立からは何も生まれずかえって身体を弱くしてしまうことの実例です。ところが、二人が仲良くすると、すなわち調和すると、横から押しても強くなります。従って対立から調和への歩み寄りがいかに大事かが分かります。すなわち両者がプラスの方向に向かうということです。

今、ある事について賛成と反対の二つの立場があるとします。

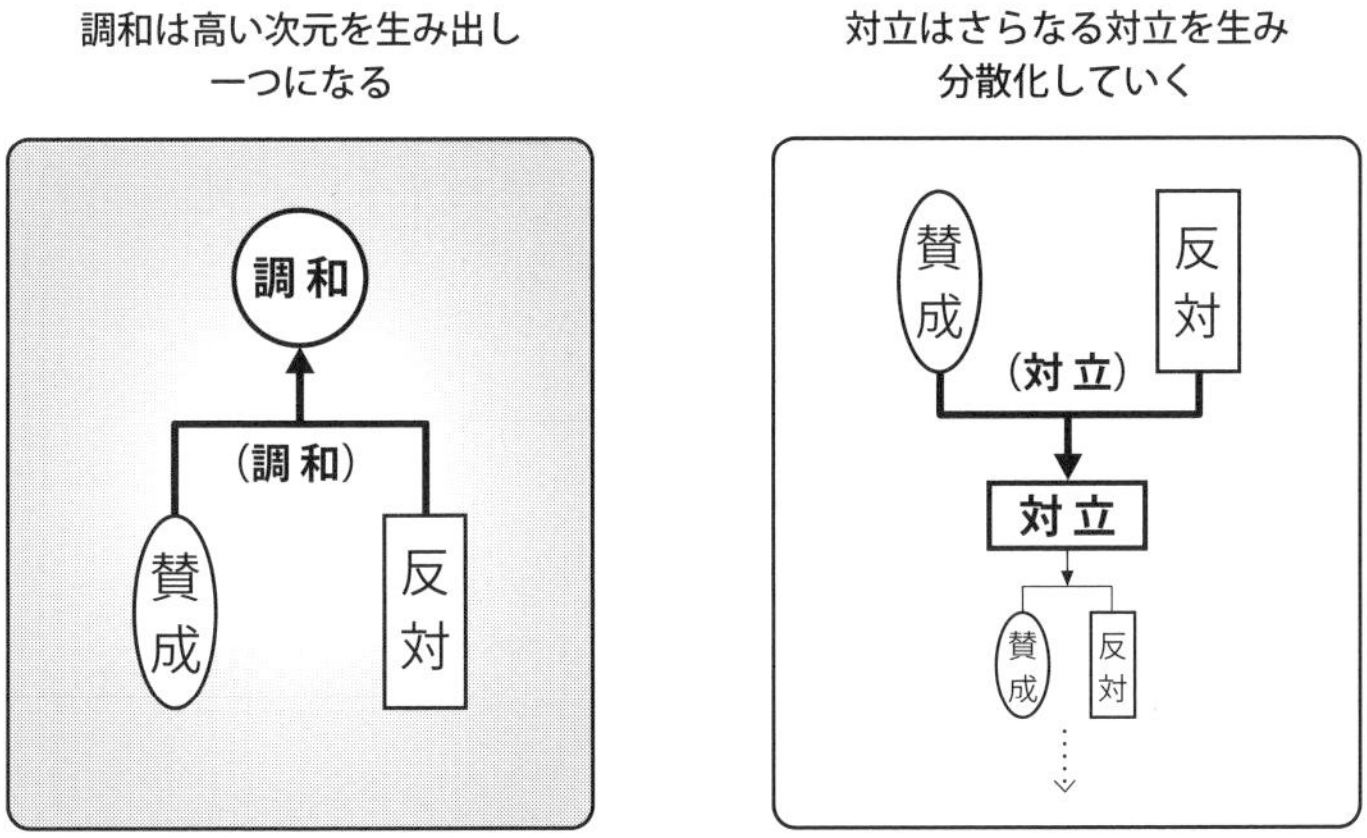

図10. 調和と対立の仕組み

どちらが正しいかは別として、二つの意見、すなわち賛成と反対という対立が起きています。この状態は先述したように両者にとってマイナスになります。そこで両者が「一歩高い次元」で向き合えば、プラスになります。気にはその「一歩高い次元」に持ち上げてくれるエネルギーがあるのです。

すなわち、賛成の進歩、反対の進歩によって対立から一歩次元の高いところに調和があることに気づかせ、そこに導くことができるのです。

今実証している気の世界は、どちらかと言うと量子物理学的な世界に近いところがありますが、こと生命体、人間に対してはその本質において大きく異なります。量子力学においては物質を構成している最小単位は原子より小さい素粒子と言われていて、たとえば水であれば、そのもとは水素原子（H）2個と酸素原子（O）1個で成り立っていて、これらが結合して水の分子H_2Oとなります。すなわち「水」

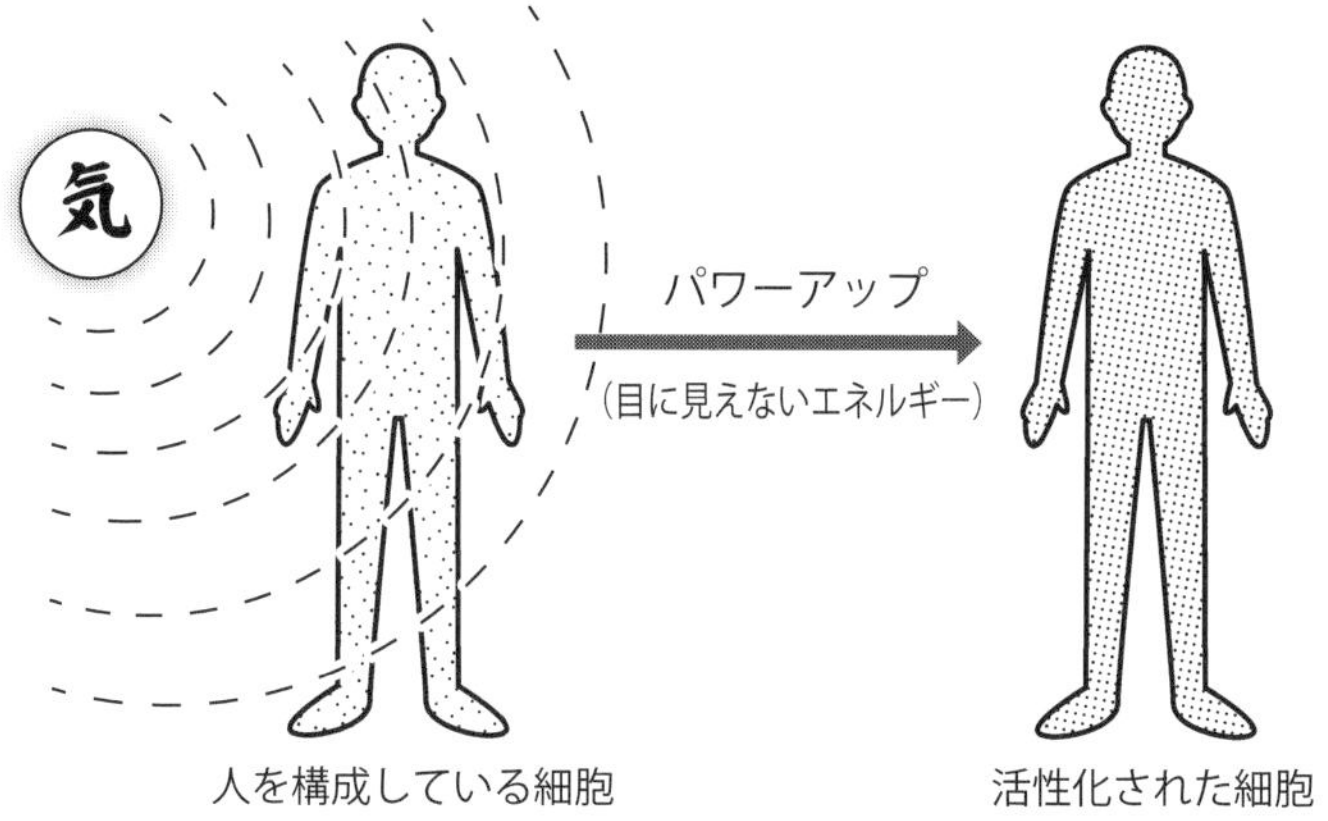

図11．気は細胞に働きかけパワーアップする

という「目に見える物質」になるまでは、その元は「目に見えない」原子であり、さらにはそれより小さい素粒子で構成されているとしています。

しかしこの量子物理学で言うところの最小単位に対し、私は人間を成している最少単位は素粒子ではなく細胞だと位置付けています。なぜなら生命体としての人間の場合、その成り立ちが細胞を根源としているからです。そのことをよく表わしている実証が「気」による「細胞」への働きかけです。それは気によって37兆個の細胞を持った一個の人間のエネルギーが実際に格段にアップするからです。

そのことを綱引きの例で紹介します。

①左右のAB同じ人数で、かつ力のバランスがとれている組み合わせで綱引きをします。

↓引き分け

見守られるだけで、Ａグループが勝つ

②周りにいる全員がＡグループを見ます。
↓Ａが勝つ
③周りにいる全員がＢグループを見ます。
↓Ｂが勝つ

これはやってみれば分かりますが、何度やっても全員から見られたほうが勝ちます。周りの人間が「見る」ことによって、そこに見ている人のエネルギーが見られているグループに伝わるからです。これは今の常識的な筋力的な力とは異次元の力、すなわち目に見えないエネルギーによるものです。

この実証は今の常識とされる筋力よりも、よりレベルの高いパワーがあることを示すものです。

さらに次の検証を続けます。

④綱引きをする前にＡが「正座」をします。

事前に正座をしたほうが勝つ

そして同じように構えて綱引きをします。
↓ Aが勝つ

⑤綱引きの前にAが「体育座り」をします。
そして構えて綱引きをします。
↓ Aが負ける

以上は、綱引きの前にしっかりとした姿勢「正座」をとることで身体に気が通り、その状態のまま綱引きをすることで力が出ることを示しています。逆に、気の通らない姿勢「体育座り」をしてから綱引きをすると、力が出ず弱くなります。すなわち姿勢からくる身体の変化と同時に、時間が連続していることを教えています。

さらに綱引き前にこのような検証をしてみます。

⑥綱引き前にBが「頑張るぞ!」と全員で気合

「頑張るぞ！」をしたほうは弱い

を入れてから綱を引きます。
↓Ｂは負ける

何かをする時、「頑張るぞ！」はよくあるポーズですが、実は精神論で本質の変化につながらないことを教えています。実際の力は頭ではなく身体が先で、この身体のあり方が瞬発力を生むのです。

このように姿勢のあり方や、そこに意識が働いているかいないか、精神論になるかならないかで、身体の強さに変化が生じます。そういうことを踏まえて、さらなるステップアップとして以下の検証をします。

⑦Ｂが正座をして、Ａが体育座りをします。
（普通に綱引きをすると当然Ｂが勝つことが予想されますが、）

体育座りでも気が通れば勝つ。気のパワーは、その上をいく

綱引きをする瞬間にAのほうに私が**気**を送ります。
↓Aが勝つ

これこそが気のエネルギーです。体育座りのほうが当然弱いという状況にもかかわらず、そこに「気」というエネルギーが加わると勝つことができます。先ほどの対立の解決法の話に戻ると、これがもうひとつ上の、すなわち「気で清濁併せのむ解決法」です。次元で言えば、5次元の世界における解決法と言えます。（図11 117頁）

体育座りが悪い、正座が良い、という正悪の次元では、理屈では分かっていても実際なかなか踏み切れないところがあります。それを超えたところで気づかせる。すなわち4次元における「勝った、負けた」の世界ではなく、もっと大きな5次元の世界、すなわち正座も体育座りも超えた世界があることに気づく。そうすれば現状を素直に客観的に捉えることができるのです。

つまり体育座りも正座も、両方を認めるからこそ、今の現状に対し、体育座り側の人間が「やはり正座のほうがよいのだな」と気づくことができ、まさに気づく、気づかせるの世界がここにあるのです。


ここで紹介した綱引きの検証は、姿勢や心のあり方の大切さや、気による実証で人間の本質に気づかせるために行なっているもので、誰がやっても同じ結果が出ます。しかしこの結果を「いい指導法のテクニックを聞いた」といった表面的な理解にとどめると、検証の本質的な変化につながりません。また単なるゲームのようなエクササイズにしてしまっては、子どもの本質的な変化を促すことはできず、むしろ子どもたちにはマイナスとなってしまうことを心しなければなりません。子どもはそういう大人の上辺を無意識に見抜く力があるからです。

指導者自らが本質を謙虚に学び、身体で体験したことを手助けにして、先ずは真剣に自らの本質的な変化に取り組むことが重要です。

人の思いやニーズを具体化する技術

何かを成し遂げたいと思った時、精神論、スピリチュアルではなく、それを具体的に実現する「技術」を持つことが大切です。

たとえば、「人を乗せて移動できる乗り物があったらいいなー」という思いや構想はあっても、それを形にする、すなわち現実にする技術力がなければ実現しません。それを実現させたのが自動車です。自動車を作る技術がそれを可能にしたわけです。

胃が痛い。そこに胃カメラという技術があるから、胃についての詳しい状況が分かる。その胃カメラで胃にポリープがあると分かった。そのポリープを今度は医者の手術という技術で取り去るわけです。

身体内の詳細を見ることのできるMRIも同様です。頭が痛いといってMRIで検査してもらう。脳の血管に異常が見つかる。まさにそれは命の存亡に関わる発見です。その発見はMRIという装置のお陰であり、また装置を作り上げた技術力のお陰です。さらに重要なのは、その血管の異常を取り去る医者の技術力です（命の存亡に関わるような手術はさらに、強い精神力や心が必要となってきます）。このように、人切なのは装置の技術であり、医者の技術であり、「技術」は常に実践に役に立ちます。先行しての装置技術のお陰で医者も大いに助けられ的確な判断ができるわけです。

すなわち「思い」を具体的な形にし、現実的にするのが「技術」であり、技術開発とは、そういった「思い」や「ニーズ」に応える実践です。

気も同様で、気は、目に見えないし、触ることもできませんが、実際に形にして見せることができます。

たとえば、相手からふいに胸を掴まれた時、「力を使わず簡単に投げられたらいいな！」と思う。

その思いを現実にする技術が「気」にあるのです。手を掴まれた、その相手を倒そうとしても相手は踏ん張って倒れない。気による無力化によってそれを簡単に倒す。それは物理的な力やスピリチュアルの世界で決してできるものではありません。まさにそれを可能にするのが気です。気の発動には心のあり方が非常に重要で、武術のような実践の世界では「心法の下」での術技を展開していかなくてはなりません。

心の根源にある「臆」と「怯」を取り去る

江戸時代のように真剣を使っていた世界では、殺すか殺されるかという、命のやり取りの恐怖が支配する場であり、当然そこには「臆と怯」という戦う前の心の働きがあります。その心の働きを克服するあり方が「心法」です。すなわち十分な「心法の下《もと》」で戦わないと、臆する心や怯えの心に惑わされます。「勝つぞ」と自分に言い聞かせるなどの精神論的なあり方では、決して対応ができないということです。

この「心法の下」というのは、「青空の下」という表現と同じく、そこに永遠に広がる時空があり、その時空に「術技」を乗せることを言います。ですから武術の稽古では、この「心法」は重要で、そういった臆する心、怯える心という兵法の病気を取り去ると同時に「心法の下の術技の修得」、すなわち心と術技が一体になるという「事理一致」の稽古が重要となるわけです。

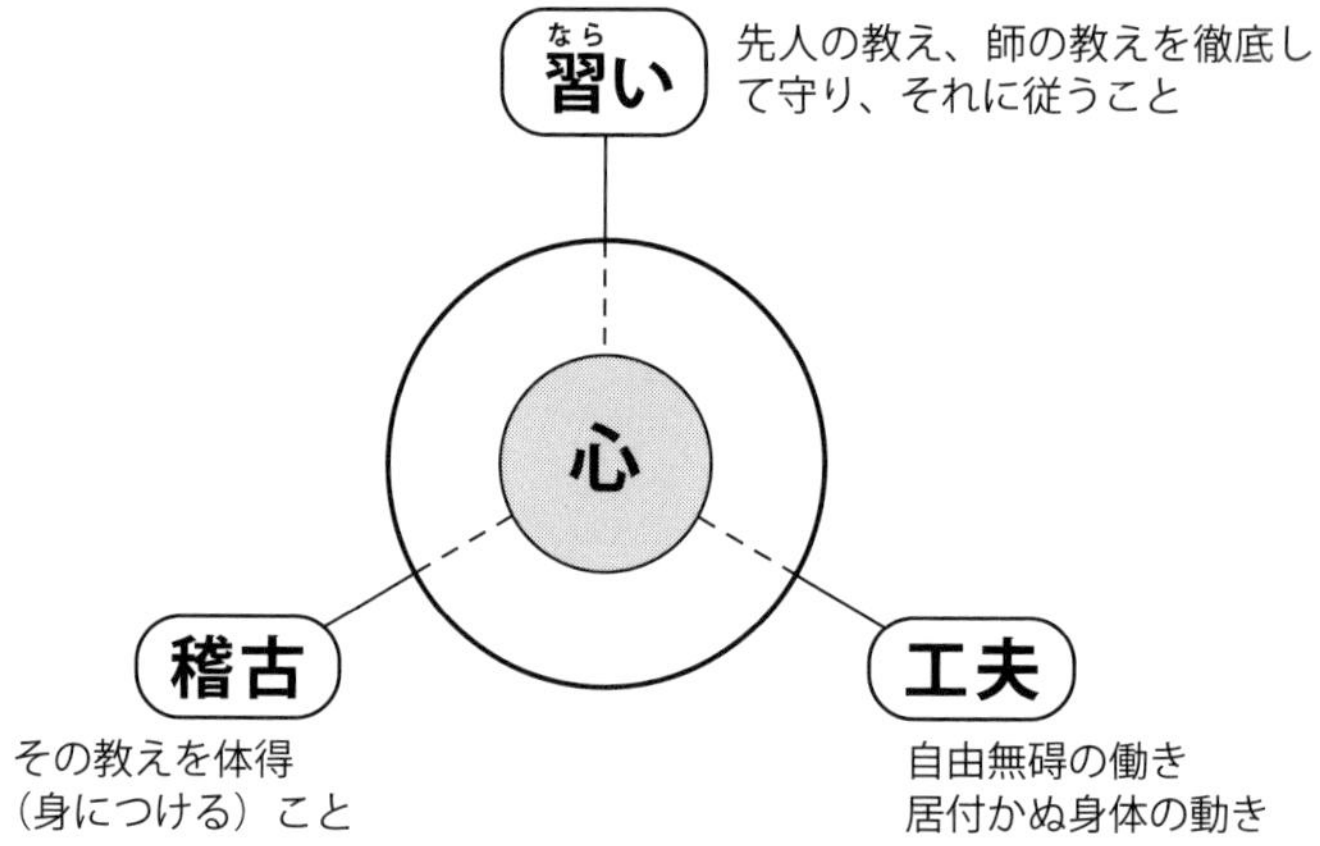

図13. 稽古の三法（新陰流）

また非常に参考になる稽古のあり方について、新陰流の伝統に「稽古の三法」という素晴らしい教えがあります。

稽古の三法とは「習い、稽古、工夫」のあり方を言っています。

「習い」とは、先人の教え、師匠の教えを守り、それに従うこと。これは知識を得ることとは異なります。

「稽古」とは、教えを体得すること。それはたとえば自転車に乗るのと同じで、使えるようになるということです。

「工夫」とは、自由無碍《じゆうむげ》の働きを得るということ。そして居付かぬ境地に至るということです。

この新陰流の「習い、稽古、工夫」は、一般的には、一刀流で言う「守破離」と同じ意味合いに受け取られていますが、ひとつ決定的に違うところは、「守破離」では、離に至ると師から離れていくことを意味しますが、新陰流の三法の場合、「習い、稽古、工夫」が循環無端《じゅんかんむたん》として修行に終わりがないということにその奥深さがあります。

以前拙著で述べた「守・破・離」も、循環をもってその意味を成すという点では、この「習い・稽古・工夫」と同じ考えにあるものです。

武術は意識する稽古を通して、唯一無意識下を可能にするプロセスがしっかりしています。ゼロ化とは私が実践を通して生み出した言葉ですが、それは気によって可能となります。ゼロ化とは、相手に対しては相手の無力化であり、自分に対しては自由自在になるということです。ゼロ化は、日常でも社会生活でも、そして人生にも生かせる、まさに幸せの法則だと思っています。

今の中にある先《せん》を取る

アップルの創業者であるスティーブ・ジョブズには次のようなエピソードがあります。

パソコンのOSマッキントッシュの起動の遅さに耐えられなかったジョブズが、「起動のスピードを10秒削れたら、一人の10秒を節約できる。もし500万人のユーザーがいたら、一日あたり5000万秒を節約できるのだ」と開発チームを奮起させ、起動時間の節約を実現し、それが結果的に多くのテクノロジーにおける時間短縮にもつながったということです。

そういう見方からすると、あるクラスに40人生徒がいて、指導者が1分遅刻したら40分を無駄にすることになり、2分遅れたら80分が無駄になるということになります。ましてそれが日本のリーダーであったらどうでしょうか。判断が1分遅れたら1億2千万分、すなわち15年分遅れることになり、当然、その判断の遅れが、国民全体に大きな影響を与え、気づいたら手遅れ、というとんでもない事態を招くことにつながりかねません。

たとえば年金問題。日本は世界に突出して借金王国ですが、この先、年金を出し続けるのは困難であることは明らかです。この国に先を見るビジョンがないからです。ビジョンがないということは時間が止まっていることと同じです。

今、「先《せん》を取る」ことによって逆に時間を1分早めれば、日本国民の15年先を見るのと同じことになります。年金について言えば、一つのビジョンとして、今の子どもたちにお年寄りを大切にする心をつくります。そうした心を子どもたちに育むことができれば、20年後30年後、彼らが30代、40代になった時に、お年寄りを大事にする仕組みを自然体に作ってくれることでしょう。

そういうように「先を取る」ことは非常に重要です。江戸時代の真剣での生死をかけた剣術において、生き残るために「先を取る」ことがいかに大事であったかということや、それを可能にする術が極意としてあったということを踏まえれば、まさにそこに至るプロセスに学ぶべきだということです。今のままでは気づいたら手遅れになります。

またこのことは現在のスポーツ界、武道界においても同様です。私は空手をはじめ、他武道、アメフト、ラグビー、野球、サッカーなど、あらゆるアスリートを指導してきました。私がフルコン空手のチャンピオンクラスを毎月指導していた頃は、指導を受ける彼らが20代、30代で、私は当時50過ぎ、しかも企業のトップという責任ある立場にありました。あれから20年、私は現在73歳ですが、未だに世界のチャンピオンクラスとも組手をし、指導を続けています。

このような事ができるのは、宇城空手が年齢やパワーという課題に対し答えを持っているからです。すなわち筋力をパワーとする世界では到達できない世界、すなわち「気」の世界に早くから気づいたことにあります。

武術で大事なことは、理論・理屈の指導ではなく、「できる」を見せることです。それを可能にするのは、年齢のピークがある筋力ではなく、相手との調和を生む身体、すなわち細胞への働きかけです。気はまさにそれを可能にします。年齢が若く筋力がある時には筋力を主体にしがちですが、その時こそ、年を重ねる毎に衰えていく筋肉やスピード、パワーに対する準備を始めておくことが大事であるということです。

地球上の調和へ向かう総合智を

「毛利衛氏　未来を語る――テクノロジーの活用と人類の繁栄――」（『ウェッジ』２０２２年２月号）の中で、とくに目に入ったのが、次の文章です。

「…最初に宇宙空間に到達し、『無重力』かつ『真空』という死の世界がすぐ隣り合わせにある中で、認識したことは二つある。一つは、体全体がふわっと浮いて、一つひとつの細胞が丸くなろうとしている感覚になり、『人間の体は細胞で成り立っている』ことを改めて実感したこと。もう一つは『地球が確かにそこにある。しかも、大きくて、私たちを全て包み込みながら宇宙に浮かんでいる』ということだ」

また、「宇宙空間という多くの制約の中で活動した経験からコロナ禍のような危機的状況の中で人間が生き残るために必要なことは何か」などの問いに、

「変化する状況に対しては、一つの固定化された考え方では太刀打ちできない。（中略）政治家や企業の社長のように舵取りを委ねられている人は、とりわけ『総合智』が不可欠だ…」

まさに宇宙飛行士としての実体験を基にした言葉、内容だけに真に迫るものがあります。また、地球を離れ宇宙に行ったからこそ見えてきた真実だと思います。

とくに「人間の身体は細胞で成り立っている」さらに「細胞が丸くなろうとしていると感じた」というのは、深く共感するところです。実際に丸くなるわけではないですが、丸くなる、すなわち球体になるということは、一番強い状態になるということであり、そのような感覚になったというのは、私には至極当然のように思われるのです。宇宙に行ったからこそ実体感として出てきたこれらの言葉は、私が常に実践し提唱してきた「気は身体の細胞に働きかける」の一端を表わしていると言えます。

タコやイカやチョウなどの動物が攻撃や自衛のために体の色や形を周囲の物に似せること、すなわち擬態は、まさに細胞の変化で、しかも瞬時に起こります。一方私が実践実証している気は身体の細胞に働きかけ、一瞬にして細胞の活性化を促し、人間においては擬態動物のように外観は変わりませんが、身体のエネルギーとして目に見えない力が発揮されます。まさにそれは今の常識ではあり得ないようなパワーアップです。

宇宙の「無重力」かつ「真空」という死と隣り合わせの状況は、江戸時代の真剣の場に匹敵するものであり、そうした地球生命を一つと捉える世界観から生み出される総合智は、地球上の調和へ向かう智恵となり実践につながるものであると思います。

第六章

ゼロ化と「気」

人間の潜在力とその可能性

3次元（客観的時間）――時計時間で生きている

4次元（主観的時間）――自分時間をもって生きている

5次元（4次元＋重力）――今の常識にない未知の世界
すなわち、人間の潜在力とその可能性の発掘の中で生きる

現在、私はこの今の常識にない5次元の世界にある「気」を実証展開しています。この「気」について、これまであらゆる文献・資料を読破してきましたが、参考にはなったものの、解明の手掛かりになるものは何ひとつ見つかりませんでした。

そうしたなかで気づかされたことは、文献というものは過去の存在であるということです。すなわち文献の知識、その言語化は、未知の未来に対しては仮説や憶測の域を出るものではないということです。

これに対し、実証を伴う実態の言語化は、未来に対して時間、時空の継続があり大きな意義と価値があります。

人間の可能性を示した時代に見る古典の文献などはまさにそれです。ただし、それも今に再現して初めてその意味と価値をなします。

一方、人間の可能性を科学的に理論展開している最先端と言えるような文献や、宇宙や森羅万象といったすでに存在しているものについての科学的仮説や理論展開している文献、あるいは人間の身体と脳との関係を主体とする科学的文献、人間と心との関係を主体にした非科学的文献などなど、様々な文献がありますが、私は一口に文献と言ってもその捉え方や意義と価値は吟味する必要があると考えています。なぜならば、文献そのものが未来に対しての進化を遅くしているところがあるからです。

本書では、宇宙、森羅万象の中に生きている人間の可能性を、またその心との関係を、実態をもって、すなわち「実証性、再現性、普遍性」をもった上で言語化しています。その事実を写真とともにQRコードをつけて動画でも見られるようにしています。

まずは「百聞は一見にしかず」

さらに、私が主催している空手実践塾・宇城塾では、

「百見は一触にしかず」

として、一触の体験を通し、未知の世界にある実態に気づいてもらっています。さらに、

「百触は一悟にしかず」

として、究極の「気づかせる、気づく」を展開し、今に活かす生き方へ向かってもらっています。

宇城氏の手を掴んだ塾生を複数で支えているところを、宇城氏が調和すると瞬時にそれが全体に広がって崩されていく

手を掴んでいる塾生は、「瞬間的に爆発的なエネルギーが自分自身を貫通し、大きなエネルギーの波が押し寄せてくるように感じた」と語っている

①② 右手首をがっちり掴んできた複数の相手を瞬時に浮かせて、投げる

「しっかりと掴めば掴む程、瞬時に、自分が何かから切り離されてしまったような感覚になり、自分で自分の身体を縛り付けているようで自由が全くききません。その状態のところに、台風の強風や急流の水の流れのような、目に見えない大きな力がきて、為すすべもなく、ひっくり返されていました」

①②③④ 気を入れ投げられたクッションを受け取った瞬間、自分を支えている５人とともに後ろへ崩される

「受け取った瞬間、ぱっと後方へ力が抜けていく感じがして崩されました」

〈気の伝播〉

①②③④ 気を入れた杖を掴ませて上下に動かすと、列が波のように
上下にうねりながら後方へと崩れていく

③

④

「激しい動きに見えたと思いますが、身体が勝手になんの衝突もなく動いた感じです」

①② 剣による無力化
剣先を掴んだとたん無力化され、それが瞬時に伝わり後ろへ崩される

「パッと剣先を掴んだ時、実体がない感じがして力が入らず、剣先の動く方向へ持っていかれました」

①

②

①②③④ 左右の手をそれぞれがっちり掴まれたところに相手が攻撃してくる
瞬時に無力化し、そのまま投げる

「先生の手をしっかり掴んでいるつもりなのに、先生が動くと同時に抵抗できなくなり、持っていかれてしまいました」

①②③④ 20人に手足をがっちり固められたところを、瞬時に浮かし、投げる

「しっかり先生を押さえているつもりですが、ゼロ化され、掴んでいてもそれをコントロールできず、動かされてしまいます」

〈気の伝播——映す〉

①②③ 宇城氏がその場で素振りをするだけで気が周りに伝播し、そばで組手をしている者は相手を瞬時に無力化し投げることができる

普通の素振りでは、何も伝播しない

②

③

〈剣で制す〉

①②③④ 木剣を掴みに来た３人を、先を取って入り、すかさず右、左に斬り払う

③

④

〈ゼロ化〉

①② 剣先を掴もうとする瞬間相手に入る。掴んだ時はすでにゼロ化され崩される

②

〈入る〉

①②③④ 相手の事の起こりを読み取り、先を取って相手に入り、平拳打ちで相手を制す（ナイファンチンの型の応用分解）

③

④

〈無力化〉

①②③④ 相手の事の起こりに入って相手を無力化し、すかさず関節蹴りを入れる

創心館
③

創心館
④

〈見切る①〉

①

②

①②③④ 相手の攻撃を内面の変化で見切り、攻撃を無力化させ、
すかさず相手の脇を打つ

③

④

〈見切る②〉

①②③④ 相手の攻撃を見切って入り、相手を無力化し、すかさず相手の脇腹に突きを入れる

創心館
③

創心館
④

〈見切る③〉

①②③④ 相手の攻撃を見切って相手にスカをくらわせ、すかさず相手の脇を打つ

③

④

〈無力化〉

①②③④ 相手の攻撃を瞬時に無力化し、そのまま投げる

③

④

〈先を取る〉

先を取り、相手に入ると同時に無力化する

創心館
宇城
守礼堂
SHUREIDO

あとがき

私たちは過去、現在、未来という時間軸の中で、常に変化していく「今」という瞬間に生きていますが、実は「今」の中にすでに未来は存在し、未来が瞬時に「今」を導いているのです。「今」にある未来とは、「今」の自分を問うことにあります。世阿弥の『風姿花伝』にある「三つの初心忘るべからず」のあり方です。「今」の自分を問うとは、やってきた事、そして常々を顧みるということです。それは、同時に今からやろうとする事への、すなわち未来への指針となります。

長年修行してきた空手で、常に問い続けてきたことがあります。そしてその問いの連続の結果に「今」があり、同時に未来があります。

その問いとは、

「空手は素手で行なう武術であり、剣術は真剣で行なう武術である。その素手の空手を江戸時代に見る歴史的な生と死という真剣での戦いの境地にいかに匹敵させることができるか」というものです。

空手と剣術では「素手か真剣か」という大きな違いがあります。真剣で交えれば即、「生か死」

の世界です。その真剣の世界の江戸時代にあって、当時の剣聖と言われた達人の教えに、

「打って勝つは、下の勝ちなり。
　勝って打つは、中の勝ちなり。
　　打たずして勝つは、上の勝ちなり」

という三つの勝ちがあります。

現在の我々の思考には、勝つためにはどうしたらいいかという競技的な前提があります。そのことは同時に、競技的身体を作っていることにもなります。しかしその前提とは全く異なる「戦わずして勝つ」という勝ちの境地があること、そしてそれは真剣の戦いの場から生まれたことに私は感銘を受けました。

そして、そういう境地に至る道を探究しながら空手に取り組んできました。現在の「戦わずして勝つ」に至る「先《せん》を取る」という術技は、まさにそういう境地を目指す中で必然的に生まれてきたのだと考えます。

柳生石舟斎の師・上泉信綱は1500年頃、愛洲移香斎《あいすいこうさい》に「陰流」を学び、「相手を傷つけず殺さずに勝ちをとる秘術を拓け」と託されます。この陰流を祖とする「新陰流」はその流儀を「無刀流」とも名乗っていますが、その根源にあるのは、まさしく「気」です。剣聖・伊藤一刀斎は

剣術書の中で、「すべての根源は真心」であると記していますが、まさにその根源は心にあります。

この「無刀流」とは素手流であり、まさに空手です。この次元にある空手とはどうあるべきか。それが私の終わりなき問いでもあります。今に残された貴重な文献や書籍などの資料は読み解くだけではただの知識に過ぎませんが、再現することで初めてその真意が分かり実践として活かすことができます。まさに、その究極にあるのが「気」だと悟り、それを再現するに至りました。

現在に至る宇城空手はその独自に開発した「気」による術技であり、その中で最も特徴ある術技が「ゼロ化」です。相手へのゼロ化は相手を無力化することであり、自分へのゼロ化は自由自在になることです。また組手などの攻防において重要なことは、「相手の事の起こりを押さえ、間を制する」という術技です。この「先を取る」を可能にするのが心のあり方・心法で、すなわち「真心」です。この真心を根源とした「先を取る」はまさに今の生き方、日常に大いに活きてきます。

そういう実践・実証を土台にした境地からのいろいろな気づきを書き記したものが本書です。

本書を読んだ方に、少しでも日常に生かせる気づきを得ていただけたら、大変嬉しく思います。

宇城憲治

２０２２年２月

宇城憲治 うしろけんじ

1949年 宮崎県小林市生まれ。1986年 由村電器㈱ 技術研究所所長、1991年 同常務取締役、1996年 東軽電工㈱ 代表取締役、1997年 加賀コンポーネント㈱代表取締役。

エレクトロニクス分野の技術者として、ビデオ機器はじめ衛星携帯電話などの電源や数々の新技術開発に携わり、数多くの特許を取得。また、経営者としても国内外のビジネス界第一線で活躍。一方で、厳しい武道修行に専念し、まさに文武両道の日々を送る。

現在は徹底した文武両道の生き様と武術の究極「気」によって人々の潜在能力を開発する指導に専念。宇城空手塾、宇城道塾、教師塾、各企業・学校講演、プロ・アマ スポーツ塾などで、「学ぶ・教える」から「気づく・気づかせる」の指導を展開中。著書・DVD多数。

㈱ＵＫ実践塾 代表取締役
宇城塾総本部道場 創心館館長
潜在能力開発研究所 所長

創心館空手道 範士九段
全剣連居合道 教士七段（無双直伝英信流）

ＵＫ実践塾ホームページ　http://www.uk-jj.com

〈参考文献〉

１．『ビッグストーリー大図鑑　宇宙と人類138億年の物語』
　監修者 デイヴィッド・クリスチャン他　河出書房新社　2017年
２．『137億年の物語　宇宙が始まってから今日までの全歴史』
　クリストファー・ロイド著　文芸春秋　2012年
３．『風蘭』岡潔著　講談社　1964年
４．『マインド・タイム』ベンジャミン・リベット著　岩波書店　2005年
５．『ワープする宇宙　５次元時空の謎を解く』
　リサ・ランドール著　ＮＨＫ出版　2007年
６．『新陰流上泉信綱』中村晃著　勉誠出版　2004年
７．『脳は奇跡を起こす』ノーマン・ドイジ著　講談社インターナショナル　2008年
８．ＮＨＫ「サイエンスＺＥＲＯ　ブラックホール博士が疑問に徹底回答」(Youtube)
９．『思想する「からだ」』竹内敏晴著　晶文社　2001年
10．『Wedge』2022年2月号

宇城道塾

東京・大阪・仙台・名古屋・岡山・熊本で開催。随時入塾を受け付けています。

宇城道塾ホームページ　http://www.dou-shuppan.com/dou

事務局　TEL: 042-766-1117　Email: do-juku@dou-shuppan.com

空手実践塾

空手実践塾は、日本国内、海外で定期的に稽古が行なわれています。
現在、入塾は、宇城道塾生に限られています。詳しくは、宇城道塾事務局か、ＵＫ実践塾までお問い合わせください。

〈日本〉東京、大阪、三重、長野、福岡、福島、大分
〈海外〉（アメリカ）シアトル、ニューヨーク
（ヨーロッパ）ベルリン、イタリア、ハンガリー、ポーランド

人間と宇宙と気　未来を先取りする知恵とエネルギー

2022年2月24日　初版第1刷発行

著　者　宇城憲治

定　価　本体価格 2,800円
発行者　渕上郁子
発行所　どう出版
〒252-0313　神奈川県相模原市南区松が枝町14-17-103
電話　042-748-2423（営業）　042-748-1240（編集）
http://www.dou-shuppan.com
印刷所　株式会社シナノパブリッシングプレス

ISBN978-4-910001-20-3
落丁、乱丁本はお取り替えいたします。お読みになった感想をお寄せください。